「二月の笑者《しょうしゃ》」になるために

名場面が教えてくれる中学受験必笑法

おおたとしまさ　著

小学館

はじめに

中学受験漫画の金字塔『二月の勝者―絶対合格の教室―』（小学館）の名場面にぴったりのフレーズを、拙著『中学受験「必笑法」』（中公新書ラクレ）の本文から引用して、各ページの見出しとして添えさせてもらいました。

この1冊をめくるだけで、全21集にもおよぶ大作『二月の勝者』の名場面を一覧できます。それぞれの場面に、前後の文脈を説明するキャプションもつけています。ページごとに、感動が甦るはずです。

それに対応する拙著『中学受験「必笑法」』のフレーズとその解説文を読むと、漫画に描かれている登場人物の心境や、その背景となっている中学受験の構造が、よりよくわかると思います。

「中学受験に必勝法はないけれど必笑法ならある」が、『中学受験「必笑法」』の心意気です。どんな結果であれ、中学受験を笑顔で終えることはできる、中学受験をふりかえったときに笑顔になることはできるということです。

見方を変えれば、『中学受験「必笑法」』に私が込めたメッセージの一つ一つに、『二月の勝者』という漫画が圧倒的なリアリティをもって、「実例」と説得力を与えてくれたようにも感じられます。

つまりこの1冊で、『二月の勝者』と『中学受験「必笑法」』の両方のいちばんおいしいエッセンスが味わえてしまうのです。

名場面を見て「この場面の前後をもういちど読みたい」と思ったら、『二月の勝者』のコミックを読み返してみてください。添えられたフレーズと解説を読んで、より詳しくその意味が知りたいと思ったら、『中学受験「必笑法」』の該当ページを探してみてください。

高瀬志帆さんが『二月の勝者』の連載を開始したのが、２０１７年。私が『中学受験「必笑法」』のもととなる連載を開始したのが２０１７年。ほぼ同時です。当時、高瀬さんと私は面識がなく、申し合わせたわけではありません。それなのに本書で、ふたりのメッセージがピタッと一致しました。

『二月の勝者』には、中学受験だけでなく、教育虐待や不登校や無料塾に関する描写もあります。私も、中学受験だけでなく、教育虐待についても不登校についても無料塾についても本を出しています。

むしろそういう視座から中学受験を見ていることが、高瀬さんと私の共通点なのだろうと思います。

高瀬さんの中学受験観は、作中では、主人公のカリスマ塾講師・黒木蔵人《くろうど》の中学受験観として描かれます。初めは露悪的に登場した黒木でしたが、彼の中学受験観が彼の人生観に裏打ちされていることは、作品全編を読むとわかります。漫画の読者は、もう一人の主人公・佐倉麻衣とともに、少しずつそれに気づいていきます。

黒木の人生観は、彼の人生において負ったたくさんの傷によって構築されています。彼の生き方は、「傷つくことは決して悪いことじゃない。むしろ傷こそが、そしてそれと真摯に向き合い続けることこそが、ひとを魅力的にし、その人生を輝かせるんじゃないかな？」と教えてくれているように、私には思えます。

黒木の薫陶を受けた桜花ゼミナール吉祥寺校の32人の生徒たちは、中学受験の結果がどうであれ、その後の人生の紆余曲折がどうであれ、このままならない世界のどこかで、それぞれのかけがえのない人生を、みんな必死に生きています。

それって最高の励ましじゃないですか？

――おおたとしまさ

漫画『二月の勝者－絶対合格の教室－』について

中学受験最強塾「フェニックス」の看板講師の座を捨てて中堅塾「桜花ゼミナール」吉祥寺校の校長に就任した黒木蔵人が、新人講師の佐倉麻衣たちとともに、6年生32人全員の「絶対合格」を目指す1年間を描いた物語。塾の校長として辣腕ぶりを発揮する一方で、黒木が教育格差、教育虐待、不登校、ひきこもりなどの問題に対して奮闘していることも、次第に明らかになっていく。

－桜花ゼミナール吉祥寺校の主な講師陣

黒木蔵人

佐倉麻衣

桂 歌子

橘 勇作

木村大志

－桜花ゼミナール吉祥寺校の6年生の生徒たち（32人）

明智珠須
浅井 紫
石田王羅
伊東章太郎
今川理衣沙
上杉海斗
大内礼央
大友真千音
加藤 匠
黒田 翼
真田歩夢
柴田まるみ
島津 順
武田勇人
伊達智弘
田中利休
直江樹里
丹羽由美里
根津沙羅々
馬場亜蘭
原 秀道
福島 圭
藤原 昴
北条香梨奈
本多華鈴
前田花恋
三浦佑星
三好 伸
村上一真
毛利 光
山本佳苗
渡辺太郎

－無料塾「スターフィッシュ」の主要スタッフ

ショーマ

ダイキ

－黒木の元教え子

晶

※週刊「ビッグコミックスピリッツ」で2017年12月から2024年5月まで連載。作者／高瀬志帆

もくじ

■駆け抜けた、決して楽ではなかった約3年間の月日が、親子にとっての誇りになります。

■どんなに優秀な子がどんなに努力を重ねても願いが叶わないことがある中学受験という選択に、全力で立ち向かったチャレンジ精神は、結果がどうであれ、必ず一生の財産になります。

■自分の努力で自分の人生を切り拓き、仮に結果が100%の思い通りでなくても、腐ることなく歩み続けることのできるひとになるための経験なのです。

■自分の「決断」を事後的に「正解」に近づけられる力こそ、"正解のない時代"に「自ら正解をつくり出す力」になるはずです。

■恵まれた環境を最大限に活かして、将来世の中の役に立つことは、恵まれたひとの使命だろうとすら思うのです。

■中学受験という経験を通して「自ら正解をつくり出す力」と「恵まれたひとの使命」が備わったのなら、敵がいなくなるという意味で「無敵」です。

第2章

この塾に任せてダメならしょうがないとまで思えるか

■怪我をしないように気をつけながらできるだけ前進させ、同時に、ラストスパートのときに必要になる脚力を鍛え上げる。

■毎週の課題をこなし、いつしか中学入試本番に十分に挑めるだけの学力が身に付いたと自覚できたとき、「千里の道も一歩から」を実感できる。

■テストの点数という「結果」だけでなく「プロセス」に焦点を当てて評価するしくみも、中学受験塾には必要であり、実際に多くの塾が何らかの形でそのようなしくみを用意しています。

■意欲喚起としてもう一つ忘れてはならないのが、「塾友」の存在です。

■自分なりに一生懸命頑張っていても、まわりも自分と同じように頑張っていれば、残念ながら偏差値は上がりません。

■わが子の学力と塾のレベルに大きな差がある場合、塾のやり方についていけないどころか、消化不良を起こし、本来の実力すら発揮できなくなる場合もあります。

■宿題の量が多すぎると感じるのであれば、わが子にとっての適量を調整してやるのが親の役割です。

■これ以上アクセルを踏み込んだら危ないというときにブレーキを踏んでやることこそ、親の役割だと心得てください。

■「緊張感が足りないんじゃない？」と見えても、実は子どもは、内心すごく緊張していたりするものです。

■自分が10～12歳の子どもになったつもりで、どんな言葉をかけられたらやる気が出るか、どんな言葉を言われると悲しいか、よく考えてから言葉を発するようにしてください。

■だから多くの教育者は、「本人がやる気になるまで待つことが大事だ」と言います。

■塾のテストでどうしてもいい点数がとりたくて、ついカンニングをしてしまったというのは、ダークサイドに片足をツッコんでいるサインです。
■目の輝きが鈍ったら、ＳＯＳの初期症状だと思って、早めに塾の先生に相談するべきです。
■保護者との窓口になる先生には、高度なカウンセリング力が求められます。
■中小塾に転塾することで、伸び悩んでいる子どもが水を得た魚のようになって実力を発揮しはじめるというケースはよくあります。
■塾長とどれだけ意思疎通ができるか、塾長をどれだけ信頼できるか、この塾長はわが子にとって手本になる人物か、この塾長に任せてダメならしょうがないとまで思えるか。

第3章

そこにいるわが子の姿をイメージできる学校との出会い……96

■長い歴史のなかで生き残ってきた私立の学校は、総じてどこの学校も恵まれた環境であり、いい学校です。
■入試問題は「わかる子にだけわかるラブレター」。
■この学校に子どもを預けると、どんな「らしさ」を身にまとって卒業することになるのか、校長を見ればわかります。

■学校での何気ない日常のなかに時折ひょっこり表れる人生の輝きを、どれだけの解像度で表現できるか。

■中学受験という選択には、自らに合う水を求める意味があるといえます。

■その学校に通っている自分を思い浮かべ、その姿に強い憧れを感じられる学校が「第一志望」です。

■「中学受験をして〟いい学校〝に進むことは、〟いい大学〝に進むためだ」という思い込みが間違っているのです。

■本気でその学校に入りたいという気持ちが続く限り、「第一志望」をあきらめる必要はありません。

■第一志望の存在は、この子のやる気を引き出し、能力を伸ばしてくれたけれど、いま、この子にとっていちばんいい学校は、こちらの学校だったのだ。

■「一か八か」ではなく、バランス良く、各偏差値帯に「第二志望」を散らばらせるほうが、「中学受験必笑法」的に納得できる結果を得られる確率が高いはずです。

■2月1日・2日の2日間で納得のいく合格を手にしておいて、精神的な余裕をもって後半戦に挑むという考え方もできます。

■子どもの意志をくみとりつつ、模試の結果や塾の先生からのアドバイスを総合して、冷静に併願戦略を組み立てることこそ、中学受験生活終盤における親の腕の見せどころです。

■「おためし」受験の合格で勢いづく性格の子どももいれば、不合格で奮起する子どももいます。

■このような風潮のなかにいれば、「できる親」の証しとして、子どもを有名中学に合格させたいと思う欲求が強まるのも無理はありません。

■本来の学力では入れなかった学校に仮にズルをして合格しても、入学後に苦しむのは子どもです。

■「大変ではあったけれど、振り返れば中学受験は自分たちにとっていい経験」と胸を張る親子は、もともと「自分にとっていちばんいいところに決まるはず」というブレない信念をもっていたケースが多いのです。

■中学受験は残酷なまでに親の未熟さをあぶり出すイベントです。

■親が、浅ましい人生観で中学受験にのぞんだら、子どもも視野の狭いせせこい点取り虫になってしまいます。

■自分より偏差値の低い友達のことを見下したり、塾のクラスのレベルで友達の価値を判断したり、偏差値の低い学校に通っている生徒のことをバカにしたりという症状を発することもあるかもしれません。

■やり方を間違えると親子を壊す凶器にもなります。

■子を思うあまり、親はときに、心にもないことを言ってしまうものです。

■誰かの成功体験をそのままあてはめても、同じような結果が出るとは限りません。

■親にだって人間としていたらない部分はたくさんあるはずなのに、それを棚に上げて、子どもには完璧を要求してしまうのです。

■「このままでは目指す目標には届かない」という焦りから、不安にとりつかれたのだと考えられます。

■プロの塾講師であっても、「わが子だけは教えられない」と苦笑いをするのを私は何度も見ました。

■自分の成功体験に基づいてわが子を激しく鼓舞する一方で、わが子の努力や成長を素直に認めてやることができず、「お前はまだまだダメだ」というメッセージを発し続けてしまいます。

■親の「無理」という言葉は、子どもにとっては強力な呪文です。

■本人が自ら考えて気づき改めようとする前に親が「こうしなさい」「ああしなさい」と指図することは、本人から気づきのチャンスを奪うことです。

■親が外からプレッシャーをかけたところで、本人の内心が前向きにならない限り、何も変わらないどころか、むしろ本人の意志で変わるチャンスを摘み取ってしまうかもしれません。

■教育虐待をしてしまう親のほとんどは「あなたのため」だと本気で思っているのです。

■子どもを変えるよりも、自分を変えるほうが早い。

■「成績が上がってほしい」と切実に願う一方で、「成績が上がらなくても、この子が精一杯頑張って力を出し切れるのなら結果はどうでもいい」と心の底から思えるようになる不思議な体験をするはずです。

■中学受験を笑顔で終えられる親子とは、子どものみならず親自身も、中学受験という機会によって自らを変え、成長できた親子なのです。

■ふがいなさよりも誇らしさを、絶望より希望を、努力するわが子の背中に感じましょう。

■親は、勉強を教えることや、子どもを管理することよりも、子どもを安心させリラックスさせることを第一に考えてください。

■「行動」を変えれば「気持ち」はあとから付いてきます。

■不安な気持ちでいっぱいになりながら子どもの背中を見守るしかないというのが子育ての本質であり、そのこと自体がこのうえなく幸せなことなのではないでしょうか。

■彼らはたった12歳にして、自分が進むべき道を自分で選びとるために努力することを決意した、勇気ある子どもたちなのです。

■中学受験生の親である自分自身にも、誇りを感じてください。

■「結局のところ、親は無力である」と。

第1章 なぜ中学受験するのか？

「毒」にも「薬」にもなる。

たった12歳で、自分の力で、自らの進む道を切り拓こうとしているのです。

成績がいい子も悪い子もいるでしょう。自ら机に向かえる子も、なかなか現実と向き合えない子もいるでしょう。ケロッとしているように見えて、実は内心で大きなプレッシャーを感じている子もいるはずです。いずれにしても彼らは、ふだんは親に甘えていても、いつまでも親には頼れないんだと知っています。最後に頼れるのは自分だけだと知っています。小さな体と心で自分なりのベストを尽くす彼らはみんな、尊敬されるべき存在です。

【第16集第134講】1月31日の入試直前激励会すなわち「最後の授業」で、黒木は生徒たちに告げる。「試験会場の入り口で親御さんと別れた後は、あなた達は、自分がひたすら磨き続けてきた武器で、自分だけ、たった一人で、戦いに向かうのです。最っっっ、高に、カッコイイじゃないですか！」。こうして黒木は、自分たちの努力の成果を自覚させ、緊張感を誇りに変換し、一発勝負の試験会場に向かう怖れを闘争心に変えた。

自分がひたすら
磨き続けてきた
武器で、
自分だけ、
たった一人で、
戦いに向かうのです。
最っっっ、
高に、
カッコイイじゃ
ないですか！

「もしかしたらこの努力が報われないかもしれない」という不安に打ち勝つために、彼らは、さらに努力を重ねているのです。

中学受験とは例えていうなら、果てしなく感じられる壮大な行程を、目的が本当に達成できるのかどうかもわからない不安のなかで、それでも一歩一歩前に進むしかない苦難の旅です。映画『ロード・オブ・ザ・リング』や『ネバーエンディング・ストーリー』と同様の大冒険を通じて、映画の主人公とまったく同じように子どもたちも成長します。映画やゲームの世界ではなく、リアルな大冒険を経験する意味が、中学受験にはあります。

【第16集第137講】引っ込み思案の柴田まるみは、小学校では不登校を経験した。家を出るのもやっとだった状態で塾に通い、難関校・女子学院を目指す意思を自ら黒木に伝え、何度も心が折れそうになりながらも思慮深い母親に支えられ、とうとう2月1日に女子学院までたどりつく。「そんなあなたを誇りに思う。さあ、これから、手に入れた『宝物』で思いっきり戦っておいで」と言って、母親は試験会場に向かうまるみの背中を見送る。

まるみ…
お礼を言うのは、
ママのほうよ…！
〝いざ、会場に送り出すその時の「一言」を考えておいてください。〟
一歩…踏み出すことだけでもすごいのに、
保護者控室入口
外に出ただけじゃなくて、こんな場所にまで歩いてこれた…
こんなすごい大冒険に連れてきてくれてありがとう。

野球少年は賞賛され、中学受験生はかわいそうと同情される。

たしかに受験勉強をしていればつらくなることはありますが、それはスポーツでも音楽でも同じことです。真剣にやればこそそのつらさであり、そのあとには達成感と成長が待っています。それを「かわいそう」だなんて余計なお世話です。ただし、親が中学受験勉強をかわいそうだと思っているなら、中学受験はやめておいたほうがいいでしょう。子どもも自分をかわいそうだと思ってしまうから。そんな状態で頑張れる子どもなんていません。

【第２集第12講】桜花ゼミナールでトップクラスの成績を誇る前田花恋。負けん気も強い。でも、あまりに勉強ができるため小学校では浮いてしまい、肩身の狭い思いをしている。いわゆる「ふきこぼれ」だ。小５の３月、さらなる高みを目指して最強塾フェニックスへの転塾を試みるが、レベルの高さに圧倒される。思い詰めて、ついぼーっとして迷い込んだ夜の繁華街で黒木に出くわし、満たされなかった想いの図星をさされる。

「クラスで一番に逆上がりできた子」のように。

「運動会で応援団のリーダーやった子」のように。

「昼休みに真っ先に校庭に出てドッジボールをする子」のように。

「私を褒めて」

「私を見て」

って思うよね？

中学受験生は、イチロー少年がバットを握っていたのと同じくらいの気合いで鉛筆を握っています。

元メジャーリーガーのイチロー選手は小学生のころ、友達と遊ぶのを我慢して年間360日練習していたそうです。いくら野球が好きだとはいえ、つらいときがまったくなかったとは考えられません。それでも自分の目標のために、自分を奮い立たせ、バットを握っていたのでしょう。中学受験生だってそれに負けないくらいの気持ちで鉛筆を握っています。「勉めて強いる」のが「勉強」ですが、自ら強いてこそ、勉強なのでしょう。

【第7集第59講】オシャレ大好きで天才肌の直江樹里と、引っ込み思案で成績もほどほどの柴田まるみ。タイプはまったく違うがいずれも女子学院志望のふたりを、黒木は隣に座らせる。まるみは樹里の集中力に度肝を抜かれるが、樹里はまるみの丁寧さや根気強さに憧れる。お互いに自分にはないものをもつふたりは、黒木の狙い通り、中学受験という厳しい道のりを励まし合いながら歩むパートナーとなっていく。

カリ
カリ
カリ
カッ
カカカッ
カカカカ
カッ
カカッ
カカカ
…隣の、
書く音の速さが、
カリ
伝わってくる。
カカカ
圧倒される。
ピピピッ
はい！終了！

これという得意分野がないのなら、将来どんなことにも応用が利く「勉強」という種目に打ち込むのもいいのではないでしょうか。

スポーツにおいては9歳から12歳くらいはゴールデンエイジといわれています。諸説ありますが。将棋や囲碁、バレエなどの世界でも、この時期から本格的な鍛錬が始まります。脳科学では10歳くらいから子どもの脳が大人の脳に変化するともいわれています。昔から「九つまではひざの上」ともいいますよね。対象がなんであれ、この時期に何かに打ち込む経験は貴重です。さまざまな学問につながる勉強に打ち込むことも一つの選択肢です。

【第１集第３講】息子の三浦佑星をサッカー選手に育てたい父親に、佑星のサッカーの才能が平凡であるという現実を突きつける黒木。そして「スポーツや芸術・音楽等、才能が物を言う分野は本当に厳しい。まだ、勉強のほうが努力のリターンが得やすいです」とたたみかける。その後、佑星は黒木の励ましで勉強にやりがいを見出し、それを見た父親も自分の考えを改め、サッカーの強豪校への中学受験を全力で応援するようになる。

以上が、
「凡人にこそ中学受験」の理由です。
言いたいことはわかったが、
そんなのは机上の空論だ。

「12歳で遊ぶのか、15歳で遊ぶのか」という話です。

小学生のうちくらい思い切り遊んでおいたほうがいいという意見があります。では、中学生は遊ばなくていいのでしょうか。そんなことはありません。14歳や15歳という最も多感な時期には本来、いろいろなことを見聞し、世の中の常識を疑い、ときに大人に抗う経験もしなければなりません。高校受験があるとそれが十分にできません。小学生が遊ぶといっても、野山を駆けまわるわけでなく、テレビゲームをするだけという現実もあります。

【第3集第20講】都会では、子どもが公園でボール遊びすることも大声を出すことも禁じられていることが多い。その現実を黒木は直視する。第5集第39講で、中学受験に向いていない子どもは「普通の小学生の生活」に戻すべきだと訴える佐倉を、黒木は「非常におめでたい！」と一喝し、塾の近所に連れて行く。そこで佐倉が見たのは、公園で無言でテレビゲームをして、トレーディングカードに課金する小学生たちの姿だった。

「将来の夢はなんですか？」

あーあ　ここもボール遊びダメになったって。

どーする？　ドリブル練習できないじゃん。

しょーがないよなあ。

第20講「五月の夢」

中学受験をさせている親を、どこか冷ややかな目で見る風潮もある。

週末に一日中野球をしていたり、ピアノやバイオリンの練習で毎日親子喧嘩をしている家庭も多いのに、子どもを中学受験塾に通わせている親を教育ママ（パパ）や学歴主義と揶《や》揄《ゆ》するひとも、たまにいます。でも、スポーツや音楽の世界でも教育虐待まがいの過干渉をしている親はたくさんいます。危険なのは、親のエゴが暴走して、子どもが親のアバター化することであって、努力の対象が勉強かスポーツか音楽かの違いではありません。

【第８集第68講】週末に開催される志望校別対策クラスに選抜された受験生は、普段通う地元の校舎とは違う校舎まで遠出をするようになる。そこで同じ志望校を目指す他校舎の塾生とともに学ぶ。週末の駅前でばったり出くわした同じ小学校の友達の母親から「日曜日に電車に乗ってまで『お受験』の『お勉強』なんて大変ねえ」と言われた前田花恋の母親は、物怖じせず、相手の無意識の偏見をさりげなく指摘する。

マサトくんも
電車乗って試合
行くんでしょ？
同じじゃない〜〜！
重い
おっきな荷物
持ってお互い
大変ねえ〜〜！
うっ
うちのは！
本人が
好きでやってる
スポーツだから！
あら！
そしたら
なおさら同じ！
うちのも好きで
別の校舎の授業
受けに行くのよ〜
変わってるわよね！
…やばいな！
花恋ママ
イケメンすぎるわ
…!!
きちじょうじ
きちじょうじ
でしょ〜？
でもあれ
ガチで天然
なんだよ！
だからママ友
いないんだよね
（笑）
つうか中学受験を
「お受験」とか「お勉強」
って「お」つける人は
わかってないなって
思うわ。
プシュー
荻窪
言えてる！

心が折れてしまったのは子どもではなく親のほうではないかと思うケースが、圧倒的に多いのです。

塾に通い、家でも勉強し、週末にはテストを受け、その容赦ない結果が出るという生活に最初から慣れている子どもなどいません。ふがいないわが子を見て、多くの親は胸を焦がします。応援したい気持ちとは裏腹に、罵声を浴びせてしまうこともあります。そんな自分に嫌気がさして、親のほうが先に「もうやめたい」と思ってしまうケースが実は多いのです。それならそれでもいいのですが、少なくとも子どものせいにしてはいけません。

【第10集第86講】憧れだったけれどどう考えても高嶺の花であった西洋西部女学院をそっとあきらめ、第一志望を鈴蘭女子学園に切り替えた山本佳苗。気持ちを切り替えられたきっかけは鈴蘭の文化祭だった。しかしそれでも過去問ではなかなか合格点を取れず、耐えかねた母親は、さらに志望校のランクを落とす相談を佐倉にもちかける。「親のほうが先に音を上げる」と黒木から教わっていた佐倉は、母親の気持ちを立て直す策を講じる。

泣いてるあの子を見ているのももう限界です…！
…
お母様の佳苗さんを思う気持ちが痛いほど伝わってくる…
正直、「努力しても実らない」という思いをさせたくないです…
カトレアの過去問ならもう合格者平均点まで取れてます、
先生、もううちはここで確実な合格を取りたいです。
でも——
〝親のほうが先に音を上げる〟
生徒自身は思ったよりもタフです。親のほうが不安に耐えられない。
親のほうが先に音を上げる。
お母様。
ぐっ…

できれば、親を喜ばせたいと思っています。

ときどき衝突することはあっても、中学受験生の心の中には親に対する感謝の気持ちが芽生えています。彼らはもちろん自分の目標に向かって努力していますが、まだ12歳、まだ小学生の心の奥底には、親の喜ぶ顔が見たいと思う気持ちがあり、それこそが最大の動機になっていることも多いのです。逆にいえば、親が、自分の笑顔が子どもにとっての「桜咲く」、満開の桜なんだと思えるようになれば、中学受験は必ず笑顔で終われるのです。

【第15集第123講】1月の前受け受験で、東海地区の難関である全寮制の海王中を学費・寮費ともに免除の好待遇で合格した島津順。もしそこに進学したら、母子は離ればなれになる。母親の複雑な心境を察した順は、「『おめでとう』って言葉を泣きそうな顔で言うなよ」「そんな顔させてるのが俺のせいだとしたら…見てろよ、俺は…」というセリフに続けて、「俺の『二月』の『合格』で、心からの笑顔にさせるから！」と宣言する。

俺の「二月」の「合格」で、
心からの笑顔にさせるから！

どんなに優秀な子がどんなに努力したって必ず第一志望に合格できるとは言い切れないのが中学受験。

第一志望に合格できるのは3割にも満たず、最善の努力をしても最善の結果が得られるとは限らないのが中学受験。だからこそ最終的にどんな結果であろうと、親は子どもの努力そのものをたたえてやらなければならない。親がその覚悟をもてなければ、中学受験は高確率で子どもを傷つける負け戦になります。子どもにとって「大変だったけれど良い経験」になるか、「つらいだけの残酷な経験」になるかは、親の心構え次第なのです。

【第13集第107講】最強塾フェニックスの最上位クラスを担当する灰谷純は、「中学受験は何が起こるかわからない」と言う。「早いうちに合格判定80%を取り、周りも本人も盤石なつもり」で本番に挑んだのに不合格になるケースが毎年必ずあるのだ。「大人もびっくりするような難問が解けたとしても、忘れてはならない。『子どもは子どもだ』ということを」と強調する灰谷だが、そこに黒木との微妙なニュアンスの違いがある。

その現実は
残酷にも
容赦なく降りかかる。
油断なのか慢心なのか、
はたまた
ライバルのほうが
上手だっただけなのか、
何が原因かなんて
わかりようも
ないけれど、
ただひとつ
言えることは、

駆け抜けた、決して楽ではなかった約3年間の月日が、親子にとっての誇りになります。

中学受験を通したわが子の成長を間近に見て親は、「この子は最後は頑張る子。自分で自分の人生を切り拓く力のある子」と確信します。子どもも親の愛を確信します。決して楽ではなかった長い道のりを力を合わせて踏破したこと自体が、親子の誇りになります。それがあるからこそ、本格的な思春期や反抗期が始まっても、子どもは安心して反抗できるし、親は子どもを信じて見守れます。その誇りが奪われることはありません。

【第18集第155講】2月3日、桜花ゼミナール吉祥寺校の講師・木村大志は、都立中高一貫校の試験会場へ激励に訪れる。そこでたまたま見知らぬ親子の会話が聞こえてくる。「あーあー、あんなに毎日『エヴリィ』に通って勉強してきたのに、今日一日で全部決まっちゃうのか～」「そうね～、だけど、オリンピック選手とかもそうじゃない」。自らも中学受験を経験したことがある木村は、鼻の奥にツンとしたものを感じるのだった。

オリンピック選手とかもそうじゃない、長い間ずっと練習してきてさ、
本番なんてすぐ終わっちゃうじゃない。
それと同じよ〜
オリンピック選手と同じって言うのはさすがにおこがましくない?
そんなことないわよう〜
ここにいるみんな、ホントによくやったのよ〜勇気ある子達よ〜
みんながみんな、本当は金メダルよ〜
え〜〜〜雑〜〜!!

どんなに優秀な子がどんなに努力を重ねても願いが叶わないことがある中学受験という選択に、全力で立ち向かったチャレンジ精神は、結果がどうであれ、必ず一生の財産になります。

報われるとわかってやる努力はしょせん損得勘定です。中学受験では、報われないかもしれないとわかっていても努力することから逃げない勇気が試されます。傷つくことが嫌いなひとは、それを残酷だというかもしれません。でも、仮に深い傷を負ったとしても、その傷はいつか、誰かを思いやる優しさに変わります。傷つく恐怖に打ち勝ったチャレンジ精神は、憧れをあきらめない力として、その後の人生を力強く支え続けてくれます。

【第18集第152講】憧れの第一志望・女子学院の不合格を知り「いっぱい、いっぱい、努力したのに！　頑張れば願いが叶うんじゃなかったの？」と取り乱す柴田まるみ。母親は「その憧れに挑む勇気がなければ、そこに向かって血のにじむような努力ができなければ、『心の底から望んでも手に入らないものがある』という経験はできなかった」と言って気丈に振る舞い、いままさに愛娘が味わっている傷の痛みにも意味があることを教える。

この深い傷も、
頑張った人にしか与えられない勲章なのだから……！

OUKA 必勝 ZEMI
無事に明日を迎えることができるだけで
大きな何かに「勝った」って思える…！
「そんなの綺麗ごとだ」って誰かに怒られちゃいそうだけど、
ボロボロ
受験辞めます…
受験は、もう辞めます。
でも、ほんとに…
中学受験での「途中脱落」は
本人のギブアップよりも
親の方が先に音を上げる
もう
こんなに頑張ってるのに取れない…
明日の受験を迎えられることができたなら、
やめる決めた

【第16集第135講】1月31日の入試直前激励会で、講師が順番に一言ずつ述べる場面。なんどもへこたれそうになりながらも入試本番までたどりついただけで、すでにみんなが「大きな何かに『勝った』って思える」と佐倉。講師たちの脳裡《のうり》には、12歳の生徒たちが乗り越えてきた数々の苦難が走馬灯のように思い出されている。それだけでとてつもない偉業なのだ。佐倉の話を受けて黒木は、自分が伝えようとしていたことも同じだと述べる。

自分の努力で自分の人生を切り拓き、仮に結果が１００％の思い通りでなくても、腐ることなく歩み続けることのできるひとになるための経験なのです。

現実として、中学受験生の7割以上は第二志望以下の学校に進学します。彼らは「敗者」でしょうか。そんなことはありません。中学受験勉強の目的は、どんな手段を使ってでも第一志望に合格することではなく、定めた目標に対して努力を続ける経験を積むプロセス自体のなかにあります。さらに、どんな結果であれ、それを最終的には前向きに受け入れ、人生の新たな一歩を踏み出す姿勢を12歳にして学ぶことにあります。

【第16集第131講】前受け受験の新宿学園海浜で、まさかの不合格をもらった前田花恋。さほど泣いたり悔しがったりしない娘を見た母親は、「あの子なりに耐えてるんじゃないかって」と分析し、黒木に報告した。しかし気晴らしに新宿学園海浜近くの、幕張のホテルのアフタヌーンティーに行こうと母親が誘うと、花恋は「幕張にも二度と行かない！」と言って大声で泣き崩れた。それを聞いた黒木は「雨降って地固まる」「信じましょう」と言う。

アフタヌーン・ティーなんて一生、食べない…!!

そしたら、その夢を叶えるためにいろいろやって、
うまくいったらまた会って、
その「夢」もダメならまた変えて、
何度でも新しいミサンガ巻き直そうぜ。

【第21集第179講】黒木が高校生時代を回想する場面。黒木とその親友のダイキはサッカーのユース代表の選考会に加わるほどの選手だった。しかし黒木は体質の問題で、ダイキは家庭の経済状況の悪化で、プロ選手の夢をあきらめることに。1つの夢がダメでもまた新しいミサンガを巻き直せばいいじゃないかとふたりは励まし合う。その後それぞれの道を歩んだふたりが共通の夢としてつくったのが、無料塾「スターフィッシュ」だった。

俺たちは何度でも
やり直せる。
ビーバー引越センター
ビーバー引越センター

自分の「決断」を事後的に「正解」に近づけられる力こそ、〝正解のない時代〟に「自ら正解をつくり出す力」になるはずです。

一般的には最高とされる選択肢を得たとしても、それを活かせなければ、その「選択」は悪かったことになります。逆に不利といわれる選択肢を選んだとしても、それを最大限活かせれば、結果的に最善の選択をしたことになります。要するに人生における「決断」の良し悪しは、決断したあとに決まります。どんな学校に進むとしても、その環境を最大限に活かせれば、「事後的に自ら正解をつくり出す力」が身につくのです。

【第20集第172講】親友の直江樹里とともに通いたいと思っていた第一志望の女子学院に不合格になり、湧泉女子に通うことになった柴田まるみ。樹里が進学する予定の吉祥寺女子の制服を見かけ、改めて樹里とは離ればなれになってしまうこと、しかもその吉祥寺女子にも自分は不合格になったことを思う。自分に言い聞かせるように、これから進むことになる道を「楽しみだな～！」と言う。1年前のまるみには考えられない前向きさだ。

今の
ひと、
吉祥寺女子の
制服だった！
あら、
ほんとね。
樹里、あの
制服着るんだね、
似合いそうだな。
湧泉女子は
私服だから、
どんなの
着ようかな、
楽しみだな〜！
まるみは
まるみなりに
一生懸命、
気持ちに
折り合いをつけて
きて、偉いな…

恵まれた環境を最大限に活かして、将来世の中の役に立つことは、恵まれたひとの使命だろうとすら思うのです。

中学受験はごく一部の恵まれたひとたちにしか与えられていない選択肢です。でも〝勝ち組〟になるために行う功利的なものではありません。将来、世の中に必要とされる人間になるために、自分を正しく伸ばしてくれそうな学校を志すのです。恵まれた環境を最大限に活かして将来世の中の役に立つことは、恵まれたひとの使命です。少なくとも親御さんたちには、そういうつもりで子どもを中学受験の世界に送り出してほしいと思います。

【第13集第113講】黒木のもう一つの顔が、無料塾「スターフィッシュ（ヒトデの意味）」の主宰者。無料塾とは、家庭の事情で塾に通えない子どもたちに勉強を教えるボランティア活動のこと。親から十分な教育の機会を与えられない子どもも、親からの過度な期待に苦しむ子どもも、それぞれの苦しみを抱えている。「波打ち際に打ち上げられてひからびるのを待つヒトデ」を海へ投げ返すという意味では、黒木にとってどちらも同じなのだ。

私の手が届く「星」を海に帰すのみ。

フェニックスで黒木先生に教わった元・中学受験生です。
ＯＫ大附属中・高からの現・ＯＫ大生という、典型的フェニ生。
あ…
黒木先生の…二つの顔…
今までまるっきり接点が見えなかったけど、
この話でやっと、
ここで星を拾っては投げているんです。

二つの世界が
…繋がった…？
…ということは…
ここのボランティアは、みんな、黒木先生の元・教え子なんですか？
確かに最初の頃は「明確な目的」があって元・フェニ生が多かったんですけど、
ここの活動が広がるのと同時にこだわらなくなったというか。

【第13集第112講】黒木が主宰する無料塾「スターフィッシュ」を仕切る謎の青年ショーマは、中学受験最強塾フェニックスで黒木の指導を受けた、いわゆる「受験エリート」だった。中学受験塾で育てた才能を無料塾のボランティアという形で社会に還元するしくみを黒木が構築していたことに佐倉は気づく。しかし無料塾で恩恵を受けるのは、勉強を教えてもらっている側だけではない。黒木やショーマもここで多くを学んでいるのだ。

中学受験という経験を通して「自ら正解をつくり出す力」と「恵まれたひとの使命」が備わったのなら、敵がいなくなるという意味で「無敵」です。

報われるかどうかもわからないことに全力で挑戦し、その結果を潔く受け入れ、その後の道を堂々と歩むことができれば、事後的に自ら正解をつくり出す経験ができます。中学受験を通して培った力を、自らのためだけでなく、誰かのために使える視野と心意気を、その後の教育を通じて身につけられたとき、「誰かに勝つ必要なんてない、ひとと比べる必要もない、私は私の道を行けばいい、敵なんていないんだ」ときっと思えます。

【第21集第183講】黒木は、中学受験塾で恵まれた子どもたちに「自ら正解をつくり出す力」を授ける一方で、無料塾では元中学受験生たちに「ノブレス・オブリージュ」を教えていた。直訳すれば「高貴なる義務」。大きな力をもつ者は、大きな責任をももつ。恵まれた者は、その結果得たものを、他者のために使わなければならない。しかし黒木の教え子のショーマは、無料塾での活動に義務感ではなく喜びを見出していた。

そこまでではないにしろ、
初期のスターフィッシュでは、フェニックスの元教え子を積極的に参加させてました。
おそらく、ノブレス・オブリージュを教える意味もあったと思います。
ノブレス・オブリージュ…
開成クラス
合格判定模試
10～12月実施
そうか…黒木先生は、
二つの世界を繋げてきたんだ…
名門中学受験専門塾
PHOENIX
フェニックス
中学受験
桜花ゼミナール
STARFISH
スターフィッシュ
…なあんて！

東大・京大・難関国立大・難関私立大受験
今から準備しよう！次は大学受験だ!!
次は東大!!
GO
難関大学受験
英語塾
1級取得
終わったんじゃない、
また、「始まってる」んだから、
休む暇なんてない、
走り続けなきゃ。

わかんない、
でも。
どうせ この先も、
ずっと、
闘いなんでしょ？
違うの？
違うの
なら、
どこへ？

【第21集第183講】最難関中学をほぼ総なめにした前田花恋は「私の人生って既に最強じゃない？」と天狗になった。競争社会への過剰適応をしてしまったかのような娘に母親は不安を覚える。入学説明会の帰り道、「次は大学受験だ」とうたう大学受験塾のチラシを受け取る。「走り続けなきゃ」。花恋は底知れぬ恐怖に震える。でも「どこへ？」。花恋は黒木を訪ねる。黒木は迷える花恋を無料塾「スターフィッシュ」へと招くのだった。

カチャッ

第2章

この塾に任せてダメならしょうがないとまで思えるか

怪我をしないように気をつけながらできるだけ前進させ、同時に、ラストスパートのときに必要になる脚力を鍛え上げる。

中学受験勉強で本当にキツいのはラストスパートです。そこだけを切り取ると、中学受験は過酷なレースです。しかし少なくともラストスパートまでの道のりは、ペースを守り、毎日着実に前に進みながら基礎を固めることが大切です。小学生にもわかりやすい短期的な目標を設定し達成させることをくり返し、いつの間にかとてつもない距離を走破させると同時に、ラストスパートに必要な足腰を無理なく鍛え上げることが塾の役割です。

【第11集第93講】柴田まるみは、11月の模試で第一志望の女子学院の合格判定が20％だった。母親は黒木に第一志望の変更を相談するが、黒木はあきらめるべきではないと諭す。「地道な基礎固めほど結果がすぐには出ないので、皆、その努力をやめたり　近道を求めて　あせったり　勇み足で難問に取り組んだりしてしまう、しかし！　あきらめずに続けてこれた者だけにやってくる、『点と線が繋がる』瞬間！」がまるみに訪れる可能性があるからだ。

カメーン！
こういった、急激に上昇する曲線を描くことのほうが多い！
学力
時間
なぜなら！
基礎を勤勉にコツコツ積み重ねた生徒が、
その基礎を応用する感覚をつかんでから急激な伸びを見せるからです！

毎週の課題をこなし、いつしか中学入試本番に十分に挑めるだけの学力が身に付いたと自覚できたとき、「千里の道も一歩から」を実感できる。

中学受験勉強は小学生にとって、ゴールまでの距離がわからないマラソンです。コーチである塾の先生が「とりあえず今日はあの電信柱まで走ろう」などと指示を出します。子どもは与えられた目標に向かって一生懸命走ればいい。それをくり返すことで、最初は手も足も出なかった入試問題に挑むだけの力が身についたと自覚できたとき、中学受験生自身も自分が走破した道のりを振り返り、千里の道も一歩からという人生訓を実感します。

【第16集第138講】塾の指導を無視した無茶な課題を押しつけ、警察沙汰まで起こした父親から離れるために家を出た島津順とその母親。経済的な不安もあり、一時は中学受験そのものをあきらめようとも考えたが、桜花ゼミナールの講師陣や親戚の支援を得て、ついに最難関・開成の入試本番を迎える。数々の試練を乗り越えて、とうとう順が開成の前に立ったとき、父親は少し離れたところから、その背中をそっと見送っていた。

日本最高峰の一角に挑むだけのところに…
おまえは来れたんだな、順…!!
東大
合格189名
中高一貫生対象
GOKAKU
Produced by 可愛塾
新宿教室
本郷教室
どうしたの、順?
ここの歩道橋ってさ、
なんか、不思議な造りしてんなーって。
来る度に思う…
フッ
まわり見る余裕あるじゃない。
まあね。

テストの点数という「結果」だけでなく「プロセス」に焦点を当てて評価するしくみも、中学受験塾には必要であり、実際に多くの塾が何らかの形でそのようなしくみを用意しています。

どんなに努力を重ねても、なかなか結果に表れないのが中学受験勉強のつらさです。そこで、努力に対して与えられるシール帳や表彰制度あるいは学習記録帳でのやりとりを通して、プロセスに焦点を当てるしくみを各塾で用意しています。ささいなことに思えるかもしれませんが、そこを見ることで、「できる子をさらに伸ばす」だけでなく「つらい思いをしている子を励まし続ける」ことをどれだけ大事にしている塾かがわかります。

【第８集第66講】小６になるまでまわりの生徒から「落ちこぼれ」とバカにされる存在だった、鉄道オタクの加藤匠。鉄道研究部のある学校を目標にすることで、コツコツ努力を重ねることができるようになった。10月の時点で偏差値は届いていないものの、第一志望はあきらめなくていいと、講師の橘勇作は言う。その根拠として、夏休みの自習室利用の記録を見せる。よく失敗もしてしまう橘だが、匠の努力の証しを、写真に収めていたのだ。

匠、夏休み自習室利用がぶっちぎりの一位!!
浅井
石田
今川
加藤
武田
馬場
藤原
山本
僕の経験上言わせてもらいますけど、
夏、とことん頑張った奴は秋以降めっちゃ伸びる!!
確かに毎日いつでも自習室にいた…加藤くんは本当によくやっていた…
あくまで東央を目指すなら前半にどこか合格取っておきたいな。
1日午後は千駄ヶ谷の算数一科目受験あるけど…うーん。

意欲喚起として
もう一つ忘れてはならないのが、
「塾友」の存在です。

目的意識を盛り上げ、やる気を引き出すのも塾の重要な役割です。しかし、親や塾の先生がけしかけても子どものやる気スイッチはなかなか入りません。12歳の子どもにとってやる気スイッチが入るいちばんのきっかけは、実は友達の存在なのです。塾で机を並べて切磋琢磨するなかで、「自分ももっと頑張ろう」という欲が湧いてきます。これこそが、同じ目標をもつ子どもが集まる集団塾に通う最大のメリットだといっていいでしょう。

【第10集第84講】取っ組み合いをして、別々の自習室を使うようにと注意をされるほどに犬猿の仲だった島津順と上杉海斗。しかしそれぞれの家庭事情にも起因する人間的成長を経て、ふたりの距離は縮まっていく。それぞれに複雑な思いを抱えたふたりは、週末の塾の授業の前に、神社に立ち寄る。そこで海斗は、自分も島津と同じように開成を目指したい気持ちを打ち明ける。ふたりはおこづかいを出し合い、1枚の絵馬に願いを書く。

願い事が一緒
なんだから、
二人で一つに
書いたって
オッケーだろ！
おばあちゃんが
元気に退院
できますように
開成合格！
順　海斗
なんせ神様は
忙しいからな！

【第16集第137講】２月１日の朝、女子学院の入試へと向かう柴田まるみは、「みんな、まるみより、頭のいい子ばかり…だよね…」などと弱気なことを母親にもらす。ベテラン講師の桂歌子が「あなたほど根性ある子はいないから！」と励ますも、不安の色は消えない。しかし塾友の直江樹里の姿を見つけ、目が合った瞬間、まるみの目に力が戻る。母親に「信じて…くれて…本当に…ありがとう…」と告げて試験会場に向かう。

自分なりに一生懸命頑張っていても、まわりも自分と同じように頑張っていれば、残念ながら偏差値は上がりません。

最初はほとんどの親が、「うちの子、開成に入れちゃうかも」とか「桜蔭だって夢じゃない！」などと、秘かに大きな期待と希望を抱いています。ところが実際に中学受験勉強が始まってしばらくすると、だんだんと現実がわかってきます。そう簡単に偏差値やクラスは上がらないのです。わが子が絶対的には成長していても、偏差値やクラスはあくまでも相対的なものだからです。この現実を受け入れるのが、親にとっての試練です。

【第６集第50講】あれだけ頑張ったのに、夏休み明けの模試ではごく一部の生徒しか偏差値が上がらなかったことにショックを受ける佐倉。しかし黒木はそれを予想して保護者会で布石を打っておいたと言う。「夏の成果は９月には出ません」と伝えたというのだ。努力の量と偏差値の上昇がリンクしないこの時期に、中学受験そのものからの撤退を考える親が増えるが、それはなんとしても阻止しなければならないとも黒木は警告する。

夏以降は6年前半と大きく違いほぼ全員が頑張るようになるので、
個人の学力が上がったところで、全体の学力も上がる。
学力(≠偏差値)
よって偏差値も良くて横ばい、下がるのも普通。
月 3 4 5 6 7 8 9 10
そんな…それじゃ、
偏差値を上げることなんてこの先 不可能って話なんですか!?

わが子の学力と塾のレベルに大きな差がある場合、塾のやり方についていけないどころか、消化不良を起こし、本来の実力すら発揮できなくなる場合もあります。

御三家をはじめとする最難関校にたくさんの合格者を出している塾が、万人に合うとは限りません。塾にも得意分野があるからです。開成や灘、桜蔭などの最難関校に強い塾もあれば、いわゆる中堅校に強い塾もあります。また、大手塾のテキストやカリキュラムは基本的に上位クラスに合わせて設計されています。そのような環境で過当競争に巻き込まれ、無理をさせても、成績が伸びるどころか自己効力感を下げてしまう恐れさえあります。

【第３集第18講】簡単な計算問題でケアレスミスを連発する下位クラスの生徒たちに対して「『できる』子の真似自体が無意味」と言い放つ黒木。ではどうするか。模試の算数大問８問のうち、同じ試験時間で大問４までを解かせてみろと佐倉に指示する。結果、軒並み得点が上がった。あらかじめ問題数を減らすことで焦りが消えたからだ。こうすることで「基本問題をおろそかにしないことの重大さを体感できる」と黒木は訴える。

模試の問題半分でおしまい。
後半の大問やる資格なし。

宿題の量が多すぎると感じるのであれば、わが子にとっての適量を調整してやるのが親の役割です。

否応なしに中学受験親子を追い回すのが、塾の大量の宿題です。いい成績をとるためには、当然たくさんこなしたほうがいい。しかしどんなに栄養がある食事だって、消化が追いつかないほど大量に食べれば嘔吐を促し、体力を減らすだけになります。勉強も同じです。特に大手塾では、上位レベルに合わせて宿題の量が調整されているので、負荷が大きすぎることがあります。そこは各自調整していいのです。ときには捨てる勇気も必要です。

【第６集第52講】上位クラスの島津順は、夏休み明けの模試で偏差値を落とした。その結果を知った順の父親は「これからは完全に俺のやり方でいくぞ」と宣言し、中学受験ブログで調べたおすすめ問題集を買い込んで順にやらせようとした。その結果、塾で眠そうにするなど、明らかに過負荷になっていた。そこで黒木が課題を仕分けし、「元フェニックスのカリスマトップ講師が『やらなくていい』と言っている」と父親に伝えろと順に告げる。

はっ
寝不足ですか？島津さん。
黒木先生…
島津さん持参の問題集を拝見させて頂きました。
で、
カリスマ講師の珠玉の問題集！
レベルアップ
算数
発展
中学入試
合格プログラム
やるのはこの二冊のみ。
他のはやる必要なしです。
なんで？
演習減らせとかイミフ。
お父様にお伝えください。

これ以上アクセルを踏み込んだら危ないというときにブレーキを踏んでやることこそ、親の役割だと心得てください。

アクセルを踏むのはあくまでも本人の意志。隣にいる親が勝手にアクセルを踏んでしまうのは事故のもとになります。逆に本人が前のめりになりすぎているときにそっとブレーキを踏んでやるくらいがちょうどいい。そんな状況は少ないと思いますが。その意味で、子どもに勉強を教えるのは、よほど自分の自制心に自信がない限りやめておいたほうがいいでしょう。どんどんやらせたくなってしまい、ついアクセルを踏んでしまうからです。

【第2集第10講】桜花ゼミナールに物足りなさを感じて最強塾フェニックスの授業を体験してみた前田花恋。フェニックスのレベルの高さに刺激を受け、もちまえの闘争心にさらに火がついたのはいいのだが、「トップ獲って余裕で桜蔭受かってやる。それがあたしが、このままのあたしでいていい証明」とまで思い詰め、無意識で自分の髪の毛をむしるようになってしまう。医師である母親もそれに気づき、「ほどほどにね」と声をかける。

プチ
ブチッ

「緊張感が足りないんじゃない？」と見えても、実は子どもは、内心すごく緊張していたりするものです。

緊張しないのは基本的には良いことですから、あえて危機感をあおって緊張させる必要などありません。一方で、緊張しすぎてふざけてしまう子もいます。そうやって心のバランスを保っているのです。緊張感が張り詰めている場合には、ほかの受験生もみんな同じように緊張していることを教えてあげましょう。「自分が緊張しているのを自覚できているだけ冷静だってことだから安心しなさい」などとアドバイスしましょう。

【第14集第120講】成績がまったく振るわないだけでなく、通塾途中でネズミを追いかけてドブにはまったり、自習室で炭酸飲料を暴発させてひんしゅくをかったり……。結局桜花ゼミナール系列の個別指導塾に移籍した石田王羅。前受け受験の入試本番の朝、激励に訪れた佐倉に明るく手を振りながら入試会場へと向かう。彼がどんな思いで塾に通い、入試にのぞみ、この世の中を見ているのか、その表情からは想像もつかない。

入学

自分が10〜12歳の子どもになったつもりで、どんな言葉をかけられたらやる気が出るか、どんな言葉を言われると悲しいか、よく考えてから言葉を発するようにしてください。

長い中学受験生活のなかでは、ハラハラ、ドキドキ、オロオロをたくさん経験します。でもそこで親が自分の不安定な感情をそのまま吐露していいことはほとんどありません。反射的に反応する前にいちど冷静になって、自分が子どもだったら、こんなときにどんな言葉をかけられたらうれしいか、悲しいかをよく考えてから言葉を発するようにしてください。そのひと手間が、中学受験期間中の家庭の雰囲気を大きく左右します。

【第11集第95講】志望校をめぐって親子喧嘩をしてしまった柴田まるみとその母親。まるみの気持ちを想像しながらどんな言葉をかけたらいいのかと思いをめぐらせ、時間だけが過ぎていく……。するとまるみのほうから、塾でお弁当のおかずを交換した話をしてくれて、みるみる元気になっていき、ひとしきりしゃべって、寝てしまった。自分本位に話を切り出さなかった母親の思慮深さが、思いがけぬ展開をもたらした。

学校から帰ってきた時は元気なかったし、
どうやって切り出そう…

「さっき見てた小テスト、やっぱり悪かったじゃない」…これじゃひどいな。

「同じ学校目指してるお友達はやっぱりできるのね」…いやこれもっとひどい！

「志望校変更のこと、少し考えてくれたかな？」くらいでどうかな…いや、まだダメか…

……

……

まるみもしゃべらないな…

昨日のケンカのこと思い出しちゃったかな…

今口火を切ったらまたケンカになっちゃうかもって…

まるみも思ってるのかな…

話しかけたいな…

……

……

……

だから多くの教育者は、「本人がやる気になるまで待つことが大事だ」と言います。

「馬を水場に連れて行くことはできても、水を飲ませることはできない」ということわざがあります。水場に連れて行くといつでもガブガブと水を飲んでくれる馬もなかにはいるかもしれませんが、思い切り草原を駆け巡って喉がカラカラになってからでないと水を飲んでくれない馬もたくさんいます。後者の場合、むりやり水場に連れて行くこと自体が、時間と労力の無駄であるだけでなく、本人が自らやろうとするきっかけを奪うのです。

【第３集第24講】桜花ゼミナールにいるときとは髪型も服装も違う黒木。この姿でときどき訪れる一軒家がある。部屋に閉じこもり決して黒木にもその姿を見せない誰かがそこにいる。いまは心を閉ざしてしまっているその誰かが、自らの意思で一歩を踏み出すそのときを黒木はじっと待っている。一歩を踏み出すのをいつかいつかと期待しながら待つのではなく、「いつまでも」待つと黒木は言う。それが本当の意味で待つということだ。

今日は「お返事」ないみたいだけど、
いいよ、自分のペースで進めれば。
俺は、
のんびり待つから。
君が「答え」を出すまで、
いつまでも。

【第11集第95講】11月、無謀な挑戦をさせて娘を傷つけてはならないという一心で、柴田まるみの母親は第一志望の女子学院をあきらめさせようとする。しかし黒木は、「この先一体いつまで、まるみさんの足下の小石をどけていくおつもりですか？」と問う。反発する母親に「『待つ』ことこそがこの時期の親の一番大事な仕事だ」とくり返す。納得はしていないまるみの母親であったが、そこから待つことの意味を考え始める。

「待つ」…と、言われても…
具体的に何をすればいいのか。
何もせず、ただひたすらお子さんの成長を「待つ」ことに徹するのみ、です。
それが「今」必要ってあるんですか？
人生で初めての「受験」、それにまだ小学生、子どもです、
何も今でなくても今後いつでもできるじゃないですか！
「いつでも」というのは「いつ」ですか？
ぐっ…
それは…受験が終わってから…
…なるほど、では、

塾のテストでどうしてもいい点数がとりたくて、ついカンニングをしてしまったというのは、ダークサイドに片足をツッコんでいるサインです。

ついカンニングをしてしまう背景には、いい点数をとらなければいけないという過度なプレッシャーがあるわけです。不正は不正として指摘しなければいけませんが、不正を責めるだけでなく、なぜ「不正をしてまでいい点をとらなければいけないと思ってしまったのか」に目を向けなければなりません。点数主義は中学受験のダークサイドです。偏差値や塾のクラスで友達の価値を判断するといった症状で表れることもあります。

【第12集第99講】今川理衣沙の母親は、志望校選びにおいて「人に言えない学校じゃ困るじゃないですか！」と言ってはばからない。下位クラスにいる理衣沙の学力を無視して、誰もが知っている有名難関校だけを受験させようとしている。超難関校の1つである吉祥寺女子の過去問をやらされることになった理衣沙は、問題を解く前に書店で解答を丸暗記するようになってしまった。塾講師たちはそれに気づくが、母親は気づかない。

もちろん
いいことでは
絶対にない、
でも、
「12歳」。
幼さゆえの
未熟な考えです。
そこまで追い詰め
られています。
吉祥寺女子中学校
過去問
5年間
わかりやすい解説と解答
別冊
解答用紙
収録
中学受験
吉祥
その場限りかも
しれない、
手段が間違ってるかも
しれない、
でも、
そこまで
追い込んでいるのは
我々大人では
ないでしょうか？
だと
したら、

目の輝きが鈍ったら、SOSの初期症状だと思って、早めに塾の先生に相談するべきです。

負荷が大きすぎる状況が続くと、子どもの心はじわじわと傷つき、病んでいきます。SOSは目の輝きに表れます。せっかく塾を終えたり課題をやり終えたりしても喜びが感じられず、どんより表情が沈んでいるようなら要注意。「あれ?」と思ったら、気軽に早めに塾の先生に相談してみましょう。逆に、どんなに大変そうにしていても、1日をやり終えたときに「あー、終わった〜!」という感じで達成感が得られているようなら大丈夫です。

【第13集第114講】実力では到底太刀打ちのできない難関校の過去問を親にやらされ、カンニングによるその場しのぎを続ける今川理衣沙。母親の頭は思い込みに支配されており、娘の意思を聞こうともしない。何を言っても聞く耳をもたない母親にカンニングの事実を告げても余計に事態を悪化させるだけだという黒木の判断に従う佐倉たち講師陣であるが、状況を打開する策は浮かばず、つらそうな理衣沙をただ見守るだけの日々が続く。

今川さん…吉祥寺女子の過去問を持ってきたか…
お母様、まだ気づいてないんだ。
今回も答えを覚えてきたのかな、それともぶっつけ？
しんどいよね。
今川さんが自分に向き合えるまで、
私もとことん付き合うから。

保護者との窓口になる先生には、高度なカウンセリング力が求められます。

中学受験生の親は常に不安と隣り合わせの毎日をすごすことになります。保護者の不安を受け止めるのも塾講師の重要な役割です。それが間接的に、子どもを守ることになるからです。カウンセリングの基本は傾聴です。言外の気持ちまでを察して共感する能力が不可欠です。話の途中で「じゃ、こうしましょう」といきなり結論を押しつけてくるような独りよがりで一方通行なコミュニケーションに終始してしまう講師には要注意です。

【第7集第59講】9月に上位クラスに上がってから、柴田まるみはまわりの生徒のレベルの高さに圧倒されていた。その異変に気づいた母親は早速黒木に面談を願い出て、クラスを戻してもらえないかと提案する。黒木はカウンセリングの手法を駆使して母親の気持ちを受け止めつつ、クラスの降格への賛同はしない。結果としてクラス替えは行わず、まるみを学力的にも人間的にも大きく成長させることに成功した。

まるみさんにとって
刺激の多い、良い環境で
あることは間違いない
のですが、
環境の変化はやはり
良いことばかりでなく
精神的負担もかかる。
なので
実は、
お母様にそんな
弱い部分を出されて
いることにむしろ
安心いたしました。
とても良い
親子関係がなければ
できません。
今日は大事なお話を
聞けてよかったです。
今後も
お母様の中に
ため込まず、
不安やご意見など
なんでも私共に
ご相談ください。

中小塾に転塾することで、伸び悩んでいる子どもが水を得た魚のようになって実力を発揮しはじめるというケースはよくあります。

大手塾の下位クラスにいたとしても、現場の講師の多くができる限り親身になって指導しようとしてくれていることは間違いありません。一方で構造的に見れば、その塾のなかでの成績上位にいる生徒のほうが相対的に優遇されるのは当然です。もし魅力的な個人塾あるいは中小塾が見つかれば、大手塾の過当競争に巻き込まれることなく、それぞれの学力に合わせた比較的マイペースな中学受験を実現できる可能性があります。

【第20集第168講】石田王羅は、愛されキャラではあるけれど、勉強に関しては鉛筆を転がして選択問題を解答する始末。黒木の勧めで、6月に桜花ゼミナールを退塾し同系列の個別指導塾ノビールへと転籍した。中学受験に向いていない“お荷物”の生徒を個別指導塾に押しつけて、黒木がバックマージンをもらっているのではないかと疑う目も塾内にはあったが、王羅のような子どもにはより一層個別に丁寧に指導する必要があるとの黒木の判断だった。

上の個別塾「ノビール」さんが根気よく彼の自信を育んだ結果です。
イエ〜〜イ!!
やった〜!新記録達成〜!
ほら〜やればできるだろ王羅〜〜!
わ〜い!!
ついに1分30秒の壁をやぶった〜!!
やったネ!!
なまえ オ〜ラ
一見、「今やるの?」という基礎まで立ち戻り、
できた時には「どこが伸びた」のか的確な箇所をしっかりと褒め、
コツコツと自己肯定感を積み上げてもらえました。
残念ながら、集団塾ではそうできないことです。
個別塾は費用面でかなりの負担がかかるのがデメリットですが、
彼の場合はマッチしたやり方だったと思います。
…王羅くんのこと…

塾長とどれだけ意思疎通ができるか、塾長をどれだけ信頼できるか、この塾長はわが子にとって手本になる人物か、この塾長に任せてダメならしょうがないとまで思えるか。

塾とは、ただ入試で高得点をとる方法を教えてもらうところではありません。中学受験勉強という試練を通して人生を学ぶところです。その意味で塾講師とは、親子を襲う数々の苦難にひとつひとつとしてどう立ち向かうべきなのかをともに考えてくれるパートナーでなければなりません。生徒を引きつけるギャグが面白いとか、教え方がうまいとかは実はどうでもいいんです。人生の先輩として、子どものお手本になる人物かどうかが大切です。

【第9集第76講】中学受験のダークサイドに堕ちてしまった父親から逃げた島津順とその母親。そもそも順が開成を目指していたのは父親に無理強いされていたからだと思っていた母親は、中学受験からの撤退を黒木に告げる。しかし順は、母親と黒木の前で「開成受験したい…!! 自分の力を試したい！」と意思表明する。息子が黒木に全幅の信頼を寄せていると感じた母親は、黒木のアドバイスに従って中学受験の続行と開成受験を決断する。

先生を信頼して
この子を預けます。
よろしく
お願いします。

すごいですよ、それ。
塾講師として最上級ですよ。
それができる講師は　なかなかいませんよ、自信持ってください。
え？
生徒が会いに来てくれる先生になれたなんて、

【第 21 集第 183 講】黒木が桜花ゼミナールを去った 6 年後。元生徒たちのなかには、不登校になった者も、通信制高校に進んだ者も、美大を目指して浪人した者も、専門学校を選んだ者もいる。教え子たちがいまでもときどき佐倉がいる塾に遊びに来ると聞いた黒木は、授業技術や中学受験知識とは別の部分での佐倉の卓越した才能に感心し、「生徒が会いに来てくれる先生になれたなんて、佐倉先生こそが『二月の勝者』ですね」と笑う（第 21 集表紙）。

わあ…♡
パシャ

第3章

そこにいるわが子の姿をイメージできる学校との出会い

長い歴史のなかで生き残ってきた私立の学校は、総じてどこの学校も恵まれた環境であり、いい学校です。

学校も不易流行です。ブレない教育理念と時代に適応する柔軟性の両方を備えていない私立学校はとっくに淘汰されています。長い歴史があるということは、その間に起きたさまざまな困難を乗り越え、価値観の変化にも対応してきた何よりの証拠です。つまり学校そのものに生きる力が備わっている。もし偏差値表で学校を比べるなら、学校の歴史10年分を偏差値1に換算して加算してもいいのではないかと私は思っています。

【第5集第43講】小6になってから中学受験勉強を始めた三浦佑星の両親が、夏合宿を前にして、第一志望に受かる可能性を黒木たちに尋ねた。黒木の答えは、受かる可能性は十分にあるが、どんなに学力が伸びても落ちることもある、だった。逆に黒木は「『併願校』はどちらをお考えですか？」と尋ねる。偏差値が低い学校に行く意味を疑う父親に、学校の価値は偏差値だけでは語り尽くせないことを伝える。

12歳のもろいメンタルを支える、
お守りのような「安全校」をぜひ探してあげてください。
下の偏差値帯でそんなに都合よく気に入る学校が見つかるもんですかね？
大丈夫です。通学1時間以内の私立中学は50はあるはず。
それに偏差値では見劣りこそすれその学校が、
この少子化の最中「生き残っている」こと自体が既に魅力的ですよね。

入試問題は「わかる子にだけわかるラブレター」。

私立中学は決して偏差値の高い順に生徒を選ぼうとしているわけではありません。求める生徒像に基づいて試験問題の中に独自のメッセージを込め、論理的思考力、粘り強さ、発想力、場合によっては素養や性格までも見抜こうとしています。正解にいたるための暗号を一つ一つ解いていけば、そこに込められた学校からのメッセージが見えてきます。入試問題との相性がいいということは、その学校の教育観に合っているということです。

【第９集第80講】11月の保護者会で黒木は過去問への取り組み方を説明する。取り組むべきタイミングは子どもによって違うので塾の指示を待てと忠告する一方で、「親御さんには、できれば志望校の過去問に目を通しておいてほしい」とも言う。子どもに教えるための予習ではない。解けるようになる必要もない。ただ、ざっと眺めて、志望校がどんな生徒をほしがっているのかを、試験問題から感じとってほしいというのだ。

試験問題は学校からのラブレターです。
平成二十九年度
小学大学附属中学校
【国語】〈第一回試験〉〔五〇分〕〈満点：一〇〇点〉
その恋文の真意を受け取って、
こちらも熱い想いを答案に返せるように皆様が事前の予習をしておいてください。
もちろんお忙しい中大変なことです。
準備に戸惑うことがありましたら我々にご相談を。
桜花今年度6年生全員の第一志望の問題傾向は頭に入ってます。

この学校に子どもを預けると、どんな「らしさ」を身にまとって卒業することになるのか、校長を見ればわかります。

私学にはもともと建学の精神があります。創立者の問題意識、理念、人生観、美学のようなものです。それが教員や生徒や学び舎に染み込み、長い時間をかけて校風となります。その校風に一定期間さらされていると、生徒にも似たような「におい」「たたずまい」「らしさ」が染みつきます。建学の精神を現代において体現し、あたかも昨日創立者と会食しながら懇談してきたかのように生徒に伝えるのが私学における校長の役割です。

【第19集第166講】多くの中学受験生がそれぞれの道を決めて中学受験を終えるなか、原秀道の親子は、どこにも合格をもらえないまま2月5日の朝を迎えた。雪が降っている。前夜に締め切りギリギリで出願した学校の校門には、黒木と佐倉が待っていた。秀道が笑顔になる。さらに、秀道を両手を広げて待つ男性がいた。雪の中、校長自らが校門に立ち、並々ならぬ心境でやってくる受験生一人一人と握手をしているのだった。

ギーゅっ
我が校を受験しに来てくれてありがとう！
さ、中に入って、暖まってね！
よく来たね、ありがとう！
慌てなくていいからね。足下、気をつけて。
誰？今の。
えっ。
巣比率第二中学・高等学校
校長
檜木 栄一

学校での何気ない日常のなかに時折ひょっこり表れる人生の輝きを、どれだけの解像度で表現できるか。

生き生きと学ぶ生徒たち、そこで学んだことを胸に刻んで社会で活躍する卒業生たちが、学校の本質です。そして、生徒自慢が得意な学校にはいい学校が多いといえます。進学実績とか全国大会出場とか有名な卒業生とか、わかりやすい生徒自慢もいいですが、むしろ日常的な生徒の笑顔や汗や涙の美しさを自慢しているかどうかに注目してください。それができる学校は、生徒一人一人のかけがえのない人生を大切にしている学校です。

【第15集第127講】今川理衣沙の母親は、娘には到底手の届かない難関校ばかりを受けさせるつもりでいた。佐倉にしつこく勧められて、理衣沙でも合格できる可能性が高い聖カサブランカ学園の入試体験会に参加する。入試体験の最中に生理が始まってしまい動揺する理衣沙に、カサブランカの生徒が自分の体育着を貸してくれた。期せずして、いざというときに見せる生徒たちの素の姿に触れ、理衣沙の心に響くものがあった。

あの…
でも…
なんで…
今日初めて
会った人
なんかに、
汚すかも
しれないのに、
服なんて貸せるん
ですか…？
だって…
困ってる子が
いたら、
普通、
こうするよ。
ふつう…？
ほんとに
気にしないで！
あ、
そうだ、

中学受験という選択には、自らに合う水を求める意味があるといえます。

中学受験とは、思春期という多感な時期をすごす環境を自分で選ぶためにすることです。首都圏だけでも約300の私立中高一貫校があり、それぞれに個性があります。さらに国立、公立の中高一貫校もあります。それらすべてを合わせて巨大な1つの「個性×習熟度」別の教育システムになっているととらえられます。そのなかに必ず、完璧とまではいかなくても、子どもが生き生きと思春期をすごすことのできる学校が見つかるはずです。

【第7集第61講】黒木は席替えによって直江樹里と柴田まるみを近づけた。第一志望が女子学院であるという共通点はあるものの性格も学力も違うふたりはお互いの個性に興味をもち、樹里の家でいっしょに勉強することに。樹里が中学受験をしようと決めた動機を、母親がこっそりまるみに教える。さらに「一緒にJG（女子学院）行けるといいね」と言う母親に、樹里は「『行けるといいね』じゃなくて、『行く！』なんだって！」と返事する。

今は塾の成績まあまあみたいだけど、
3年生まで学校の成績が全然だったんだよ。
えっ？
なんかあたしが調子ぶっこいて樹里の髪染めたりしてたからかなぁ。
服も派手なの着てたし他と違うことすると印象悪くなるのかね？
…
だからまさか中学受験するなんて全然。でも、
たまたまなんとなく見てたテレビなのか本なのか忘れたけど…
ねえママ知ってる？
制服がない中学があるんだって！受験して入る学校なんだけど。
ざんねんな武将たち
みんな自分の好きなカッコしてるから人と違ってもいろいろ言われないんだって！
今考えるともしかしてあの子浮いてて嫌な思いしたのかもね。
…

その学校に通っている自分を思い浮かべ、その姿に強い憧れを感じられる学校が「第一志望」です。

体験授業に参加したり、文化祭や運動会を見学したりしたときに、いちばん見なければいけないのは、学校や生徒や先生ではなく、わが子の表情です。目が輝いているか、わくわくしているか、それでいて心が落ち着いている様子か……。その子に合った学校がどこかにあるのではなく、たくさんの学校に触れるなかで、どんな系統の学校を好むかがわかってくるのです。学校選びを通して自分を知るのだと思うと、納得の学校選びができます。

【第17集第146講】サッカー選手になることを親子で夢見てきた三浦佑星。サッカーが強い学校に進学することをモチベーションにして中学受験に取り組んできた。園学院の文化祭でサッカー部が主催するゲームに挑戦。部員たちに囲まれるわが子の笑顔を見て、両親は思いを強くした。初日の入試で普通クラスに合格し、将来が明確に見えた。しかし佑星は園学院入試に再度挑戦し、特選クラスへの合格を目指す。

惜しかったね
わあっ
残念賞どーぞー
はい、
園学院での
中学生活、
楽しみです…!

「中学受験をして〝いい学校〟に進むことは、〝いい大学〟に進むためだ」という思い込みが間違っているのです。

「最近は公立高校の進学実績も復活している。お金をかけないで公立高校に進んで、そこから東大に行くほうがコスパがいい」とか「同じ小学校から中学受験をして私立中学校に進んだ子と、地元の中学校に進んだ子が、結局同じ大学で同じクラスになったらしい。だとしたら中学受験をする意味がない」といった意見があります。しかしそもそも、中学受験をする目的は、〝いい大学〟に行くためなのでしょうか。それだけではありません。

【第9集第72講】中学受験をして開成を目指したのは父親の強い意向のせいであり、父親と別居を始めたいまとなっては、もう開成を受験する必要がなくなったと主張する島津順の母親に、黒木は問いかける。「ただ…元気で…成長して…自立してくれれば」と言う母親に、中学受験をする目的は、開成に合格して6年後に東大に入るためではなく、順の成長のためであり、そのためにはいま中学受験をあきらめてはいけないと説得する。

そのあとは?
6年後に東大ですか?
中一からすぐに有名東大受験専門塾にでも入塾させるつもりでしたか?
…どうして今、そんなことを…
お母様、あなたの育児の指針、目標を聞いているんです。
順さんにどんな人間になってほしいのか。
「どんな人間」?
そんなの…………ただ…

本気でその学校に入りたいという気持ちが続く限り、「第一志望」をあきらめる必要はありません。

「第一志望」には手の届かない成績が続くかもしれません。しかし本気でその学校に入りたいという気持ちが続く限り、「第一志望」をあきらめる必要はありません。この存在が、受験勉強を頑張るためのモチベーションの源泉になるからです。20％でも可能性があるなら第一志望はあきらめなくていい、強気に行け、というのが中学受験関係者のほぼ一致した意見です。偏差値では測りきれない相性や時の運があるからです。

【第７集第62講】秋から始まる志望校別対策クラスには入れなかった柴田まるみだが、それでも女子学院を目指すと明言する。引っ込み思案で、最初は女子学院が第一志望であることを口にするのも気恥ずかしそうにしていたまるみの成長が垣間見られる。「そっか…残念…」というのは、いっしょに女子学院クラスに通えないことを嘆く親友・直江樹里のセリフ。「難関校クラスに入れただけでも頑張ったかな」とまるみは答える。

ＪＧクラスには入れなかったんですけど、
難関クラスでしっかり頑張ろうと思います。
志望校は…
変えません。
ＪＧ目指します。
そっか…残念…

第一志望の存在は、この子のやる気を引き出し、能力を伸ばしてくれたけれど、いま、この子にとっていちばんいい学校は、こちらの学校だったのだ。

第一志望に合格できなければ傷つくのは当たり前ですが、実際のところ、子どもの人生で困ることはありません。第一志望は中学受験という長い旅路のなかで、わが子に前に進む力を与えてくれる存在だと考えるのです。もし第一志望以外に進学することになった場合には、「いま、この子にとっていちばんいい学校は、こちらの学校だったのだ。神様は、努力した者に最善の結果を与えてくれたのだ」ととらえてほしいのです。

【第12集第105講】「どうしても…チャレンジしてみたいんだ…無理だとわかってても」と、中学受験最高峰の1つ開成への憧れを初めて母親に表明する上杉海斗。しかし母親は、「そういう冗談を言う時期じゃもうない」「『最上位校を目指す』っていうのはね、『勉強に向いている子』がすることなのよ？」と諭す。しかしその後、尊敬する塾友・島津順とともに開成を目指すからこそ、海斗は中学受験のラストスパートをかけることができた。

「開成」を受験したいんだ…！

【第17集第145講】第一志望の東央を不合格になった加藤匠に対して、もっと上を目指させなかった自分のせいだと言う黒木。強気の第一志望選びを推奨するのは、「人は、目標を100％達成することが困難」であり「だからこそ、高い目標を立てて、強い負荷をかける必要がある」と種明かしする。実力を十分に発揮させるために「便宜上の第一志望」が必要だというのだ。便宜上の第二志望・第三志望が、本当の第一志望ということになる。

ち偏差値より～15ポイント高い学校を望校に設定するようしてください。
あの…
もしかして、
前に、黒木先生が話された、
「受験生の7割が第一志望に受からない」ことの、隠れた真実って…
なぜ7割になるのか隠れた真実があります。
そうです、「7割が受からない」の真実、
そのからくりはここにあります。

真の「第一志望」に受かるために、
実力より「少し上」の「第一志望」を戦略的に目指すから。
「便宜上」の第二志望・第三志望に進学する生徒が多いのも、この戦略によるものです。
加藤さんの場合も第一志望の変更を強く誘導するべきでした。
でも加藤くんの場合は、
ご家庭も円満で、マイペースで受験に取り組んでたからこそ、成績もここまで伸びたんですし、
黒木先生がそこまで責任を感じなくても、

「一か八か」ではなく、バランス良く、各偏差値帯に「第二志望」を散らばらせるほうが、「中学受験必笑法」的に納得できる結果を得られる確率が高いはずです。

「すべりどめ」があれば、確率的に全落ちを回避することはできます。ただ、「偏差値など関係ない」と言ってはみても、「本命」と「すべりどめ」の間にあまりにも大きな偏差値の差があると、万が一「すべりどめ」しか合格できなかったときのショックはやはり大きいものです。「A中学がダメならF中学でいい」と思っていても、いざ本当にそうなってみると「C中学やD中学も受けておけば良かった」と思うものです。

【第6集第55講】山本佳苗親子は、偏差値が20も足りない西洋西部をあきらめて、鈴蘭女子を第一志望にすると決めた。鈴蘭女子の文化祭で目を輝かせる娘を見て、母親は「最初の思いを貫くことも大事だけど、そろそろ、現実を受け止めなければならない」と思い至ったのだ。変更に賛成する黒木はさらに「他に安全校のご提案もお願いします」と念を押す。いくら強気にとはいっても、親の見栄のための高望みには黒木は賛成しない。

今までの志向は「見栄」ですよ。

見栄…

これまで世間のほうを向いて志望校を決めていたのでしょう。

しかし今はちゃんと子どものほうを向いている良い傾向です。

過去問を徹底演習!!

黒木先生はてっきり山本さんには西洋西部への「特攻」を譲らないのかと思ってましたけど。

見込みのない戦いを勧めるほど私は愚かではありませんよ。

「見込みのない戦い」…

辛い言葉ですね…

前向きな軌道修正なら大歓迎です。

しかし、

2月1日・2日の2日間で納得のいく合格を手にしておいて、精神的な余裕をもって後半戦に挑むという考え方もできます。

第一志望には強気で挑戦するとしても、序盤で手堅い学校も受けておき、早めに合格をもらっておけば、3日以降の後半戦にもつれこんだとしても、心のよりどころになります。後半戦でさらに高みを目指すこともできます。その考え方からいうならば、中途半端に落ちるリスクがあるところを選ぶべきではありません。ただし、午前午後の連続受験は心身ともに大きな負担にもなります。詰め込みすぎないように気をつけましょう。

【第13集第108講】12月の保護者会で「お守り」代わりの学校を決めて出願しておくようにと黒木は訴える。「すべりどめ」と侮るのではなく、「そこの募集要項にも、本命校と同じくらいしっかりと目を通しておいてください！」「WEB出願用の登録は、必ず事前にすませておきましょう！」とくり返す。受験には「まさか」が付き物だからだ。黒木はそのあと、出願が間に合わなかった過去の事例を紹介し、保護者を震え上がらせる。

パーッ
★出願準備　編
さて、皆様、
受験する可能性のある学校の募集要項や願書は全て入手済みでしょうか？
願準備　編
「第一、第二、第三志望集めました」で安心してませんか？
あらためて「お願い」です！
カチッ★
「〃お守り〃代わりの学校」！
お守り」代わりの学校
ありますか？
持ち偏差値的にはかなり余裕があるけど「行かせてもいい学校」考えてますか？

子どもの意志をくみとりつつ、模試の結果や塾の先生からのアドバイスを総合して、冷静に併願戦略を組み立てることこそ、中学受験生活終盤における親の腕の見せどころです。

「いいな」と思える学校を早めにできるだけ多く見つけておきます。そこから実際の志望校選び、併願戦略考案が始まります。高望みになりすぎず、慎重にもなりすぎず、あらゆる観点を勘案して冷静に併願パターンを組むのが親の重要な役割です。とはいえ完璧な併願パターンなどありません。わが家の中学受験において何を大事にしたいのかを明確にしておかないと、無数にあるパターンのなかで迷子になってしまいかねません。

【第5集第43講】サッカー部が強いからという理由で第一志望には園学院を選んだ三浦佑星とその家族。園学院の入試は5回あるが、第一志望だからといってただひたすら挑戦し続ければいいものではないと黒木は警告する。1月の前受け受験で精神状態を整え、2月1日午前に全力を注ぐ。その後は、初日の結果や子どもの心身の状態によって選ぶことになるかもしれないフローチャートを何通りも想定しておく必要があると助言する。

親の責任重大じゃない…！
怖い…！
ガリ
…まあ、
少年サッカーと一緒にするなって言われそうだけど、
こう見えて公式戦の時のパパさん監督である俺達の責任もなかなか怖かったぞ。
俺達もわかんないなりにいろいろプロにアドバイスもらいながら、
佑星のいい作戦監督にならないとな。
…そうね
家族みんなでがんばろ！
吉祥寺駅

「おためし」受験の合格で勢いづく性格の子どももいれば、不合格で奮起する子どももいます。

通えない学校だとわかっていても、本物の合格をもらうことは、受験生にとって大きな励みになります。「本命」入試に向けて、前向きな気持ちをつくることができます。だから多くの場合、「おためし」受験では、偏差値的に合格できそうな学校が選ばれます。一方「おためし」入試を荒療治的に利用する場合もあります。あえて難易度の高い学校を受験し、不合格を体験させるのです。そこから目の色を変えて勉強し始める受験生もいます。

【第14集第122講】警察沙汰を起こした父親のもとを離れ、経済的な理由から一時は中学受験すらあきらめようとした島津順。開成を第一志望にしつつ、前受け受験では東海地区のトップ校・海王中等教育学校の特別給付生枠に挑戦した。寮費も学費も免除されるからだ。ただし偏差値はなんと70。黒木は合格確率を良くて五分五分と予測していたが、入試当日の朝の順の様子を見て、「勝てる気がする」と感じた。大金星をあげた。

ぐっ
本当に…よくやった、と…!!
黒木先生、
この合格は、先生のおかげです。
本当に…ありがとうございました…!
自転車を除く
宮本小路

【第15集第124講】わが子の実力を理解しない母親に、到底手の届きそうにない学校の過去問ばかり解かされ、完全に自信を失っていた今川理衣沙が、前受け受験で合格を手にした。通う可能性のない学校とはいえ、まったく手応えを感じられずつらいばかりの中学受験の最終局面で初めて自分の力を認めてもらう経験ができた。合格の一報を電話で受け取った佐倉は、「今日…ここに来たら…めっっっちゃくちゃ…褒め倒します…!!」と喜ぶ。

一番新しい「武器」は、
「転んでも、立ち上がる」力。
OUKA
いいですね、
女王復活。

【第16集第134講】前受け受験でまさかの不合格を喰らい、いちどはプライドが崩壊した前田花恋。2月入試の直前に、塾すら行かなくなる。しかしその後、大声で泣きわめき、負の感情を思い切り吐き出すことができたと聞いた黒木は、叱咤激励などせず、静観を決め込む。花恋が悔しさをバネにして自ら立ち上がることを信じていたからだ。予想通り、1月31日の激励会に現れた花恋は、たった数日間のうちに人間として一回り成長していた。

このような風潮のなかにいれば、「できる親」の証しとして、子どもを有名中学に合格させたいと思う欲求が強まるのも無理はありません。

いま、市場の原理が教育までをも汚染しています。市場とは、お互いにとって価値あるものを即時的に等価交換するしくみです。教育に市場の原理をあてはめると、大学進学実績や偏差値のような〝わかりやすい数字〟ばかりが注目されるようになります。教育の価値が数値化されると、子どもの価値も同じ数値で測られるようになります。果ては、それがそのまま親の能力までを物語るようにもなります。親の見栄が刺激されるわけです。

【第８集第65講】今川理衣沙の母親は、文化祭のその場ですら「『サイアク』ここくらいかな、引っかかって許せるとこ」など暴言をくり返す。偏差値61や59の学校ならいいけれど、その下には絶対に行かせないと豪語し、面接でも「例えば偏差値40の学校に通ったとして、そこの制服着てるとこ近所のママ友とかに見られるんですよ？ってことは『この子は偏差値40なんだ』って思われるんですよ？　困りますよね？」と持論を展開する。

「人に言えない学校じゃ困る」……
とは？
えっ？だって、
みんなが「知ってるー！」って言ってくれない学校じゃ困りますよね？
ますますわからない…！

本来の学力では入れなかった学校に仮にズルをして合格しても、入学後に苦しむのは子どもです。

第一志望校の入試本番前日に、入試問題をこっそり見せてもらえると言われたら、それを見ますか？　それはズルですよね。仮に最下位だったとしても合格した時点で、そこでやっていくのに十分な学力があることは証明されていますが、怖いのは、間違って実力以上の学校に入ってしまうことです。間違いのなかには、大人たちにいじくりまわされ、受験ロボットにされ、受験テクニックをインストールされまくることも含みます。

【第９集第78講】前職の最強塾フェニックスにいたころ、いわゆる教育虐待を受けている生徒に黒木は気づく。彼を救いたい一心で黒木はタブーを犯し、家庭教師を引き受ける。「虐待から守るために親の望む志望校に受からせることが目的だった」と振り返る。黒木ほどの腕があれば、得点力を上げること自体は可能だ。その結果、第一志望に合格するも、授業についていけず、沈んだまま浮上できない成績の生徒になってしまった。

その子が「深海魚」になっていた…
…
「深海魚」？
学年内成績
評価
順位
学校内偏差値
平均点
279位／280人中
29.9
280人中
「深海魚」
授業についていけず沈んだまま浮上できない成績の生徒のことです。

「大変ではあったけれど、振り返れば中学受験は自分たちにとっていい経験」と胸を張る親子は、もともと「自分にとっていちばんいいところに決まるはず」というブレない信念をもっていたケースが多いのです。

中学受験というしくみそのものが、その子が通うべき学校にたどり着くための巨大な適性見極め装置です。子どもがその子なりに努力を続ければ、必ずその子に合った学校にたどり着けるようになっています。そのような信念をもつことで、どんな結果も前向きに受け入れることができるようになるのはもちろん、受験勉強のさなかにおいても、子どもは余計なプレッシャーを感じることが少ないので、もてる力を発揮しやすくなるのでしょう。

【第18集第154講】持ちネタは「さよおならー」。いつも明るい、桜花ゼミナール吉祥寺校のおふざけ隊長こと伊達智弘。2月1日午前に受けた第二志望の成明の結果がわからないまま、2月1日午後に受けた第一志望の園学院特選クラス不合格を先に知り、2月2日午後の園学院普通クラス受験の前に「今日の試験の対策しに来ました…」と塾を訪れた。泣きそうなのをずっと我慢しているのに気づいた橘勇作が、智弘の感情を吐き出させてやった。

今はめっちゃしんどい時だけどさ、
智弘、お前はすごくいい奴だ。だから、
お前を認めてくれる学校が必ずあるし、
その学校は絶対に、いい学校だ！
ズッ
も〜〜！泣いていいんだぞ？
智弘は大人みたいに身体がデカいけど、
まだ子どもなんだから！泣いていいんだぞ！
泣いて、思いっきり吐き出しちまえばいいんだよ！

それこそが「ご縁」と呼ばれるものでしょう。
私個人は この「ご縁」という言葉は好みではないのですがね。
否定はしません。
さ、帰るわよ。

【第15集第127講】1月も後半になって、佐倉は今川理衣沙に聖カサブランカの学校説明会への参加を強く勧める。理衣沙の母親にとっては偏差値的に物足りない学校だ。しかし入試体験の最中のトラブルで、思わぬ形でそこの生徒たちの魅力に触れ、理衣沙の心は動く。母親は「受けないわよ」と言って足早に学校を去ろうとするが、その脳裡には「自分を認め、他者を認める。変えられないものを受け入れる」という校長の言葉が響いていた。

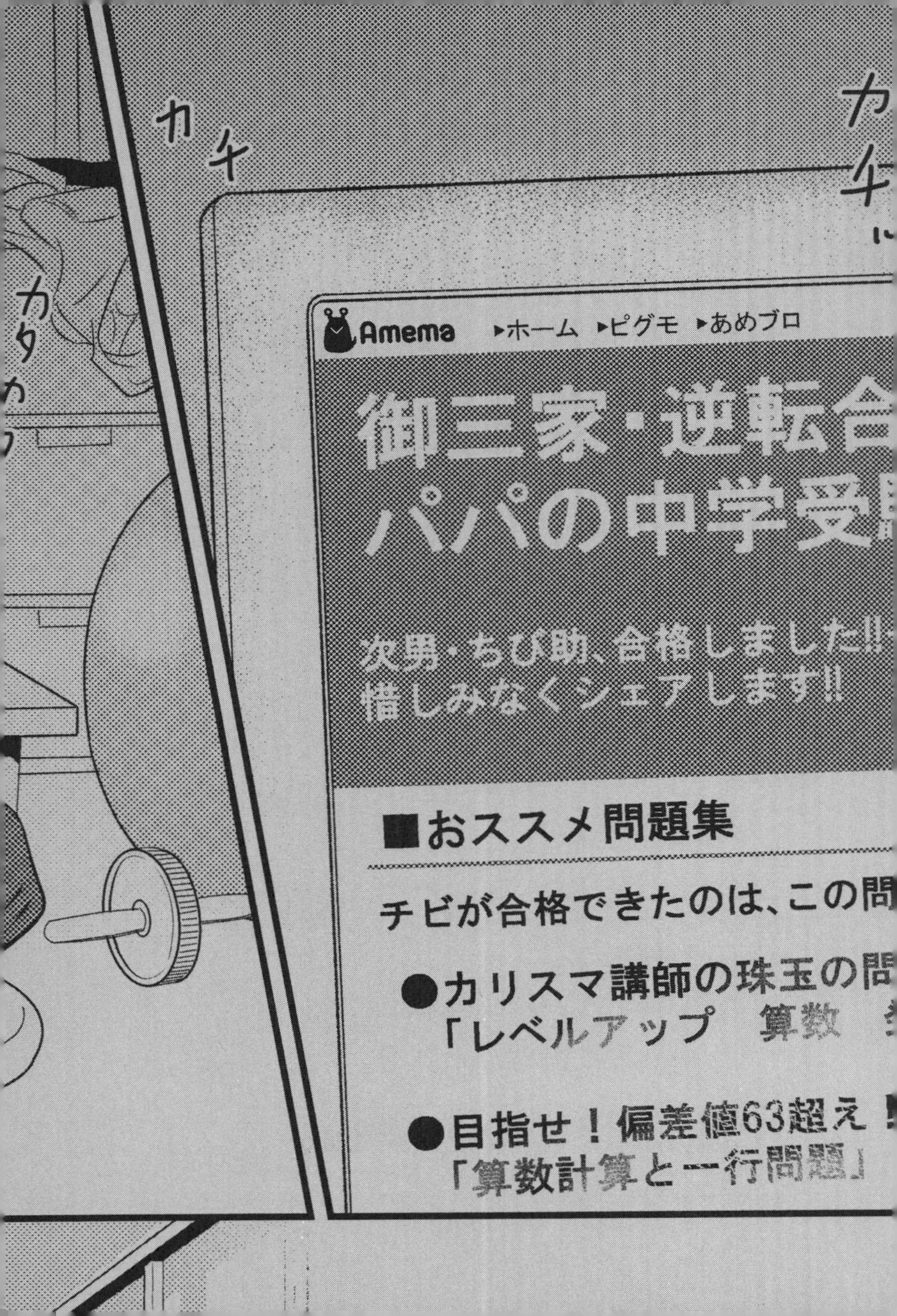

カチ
カチ
カタカタ
Amema ▸ホーム ▸ピグモ ▸あめブロ
御三家・逆転合
パパの中学受
次男・ちび助、合格しました!!
惜しみなくシェアします!!
■おススメ問題集
チビが合格できたのは、この問
●カリスマ講師の珠玉の問
「レベルアップ　算数
●目指せ！偏差値63超え！
「算数計算と一行問題」

第4章

中学受験で家庭から笑顔が消えるわけ

中学受験は残酷なまでに親の未熟さをあぶり出すイベントです。

つい子どもを叱りすぎてしまったり傷つけてしまったりということは、誰でも経験します。でも、勇気をもって自分の未熟さと向き合うことができれば、どこかでブレーキが利くようになります。少しずつ手前でストップができるようになればいい。意外にも偏差値主義的だったり、ついよその子と比較してしまったりする自分に気づくこともある。そういう一面ともうまく折り合いが付けられるようになります。親も成長していくのです。

【第19集第161講】2月3日の午後9時過ぎ。2月に入ってまだ1つも合格がもらえていない今川理衣沙が、さらに不合格をもらってしまった。心が折れてしまった理衣沙は部屋に閉じこもる。困り果てた母親が黒木に助けを求める。ようやく聞く耳をもってくれたと判断した黒木は、「地元の公立中に行ったほうがマシ」と言う母親に、聖カサブランカへの出願を勧める。佐倉も「理衣沙さんの合格の笑顔、見たいです…！」と頭を下げる。

集中！
不合格になるたびに、
泣くんです。
それも、私から見えないように、隠れて。
トイレとか…声が聞こえて…
目も…真っ赤で…腫れてるし…
それで…私、ちょっと…びっくりするくらい、
しんどくて、…ですね…
でも…どこでもいいとか、そんなわけなくて、
なので…

言い訳になりますが、
私は私なりに息子を立派に育てようと必死でした。
なぜ「この道が正しい」と信じてたのか、
「それ以外の道に進ませることなどあってはならない」と思い込んだのか、
なぜあんなに視野が狭かったのか、
なぜ一時の感情にまかせてあんなに酷いことを、
幸せのかたちは他にいくらでもあったのに。

「悔やんでも悔やみきれない」
…これが、
あの教育虐待をした母親なのか？
受験期には顔つきさえ違って見えた。
今の弱気な表情とはまるで別人。
もしかしたら、
自分は大きな思い違いをしてきたのでは？
と、
彼女の懺悔を聞きながら思いました。

【第９集第79講】黒木の前職フェニックス講師時代の回想。肉体的にも精神的にもわが子を極限まで追いつめて第一志望に押し込んだ母親。黒木もそれに加担した苦い思いがある。授業についていけず、しかも親主導で選んだ学校だったため、不登校、ついには自主退学になってしまう。ありのままの自分を認めてほしいと息子が切望しても、母親は気づかない。悲しみのあまり逆上した息子は家中を破壊する。のちに黒木は母親の懺悔を聞く。

親が、浅ましい人生観で中学受験にのぞんだら、子どもも視野の狭いせこい点取り虫になってしまいます。

思春期前のこの時期には、子どもは自分の価値観よりも親の価値観を通して世の中を見ています。親が、偏差値ばかりを気にする浅ましい人生観で中学受験にのぞんだら、純粋無垢な子どもを視野の狭いせこい点取り虫にしてしまう可能性もあるわけです。これが世間一般に侮蔑のニュアンスをもっていわれる〝受験エリート〟〝生産のしくみです。逆に親が中学受験の本当の価値を理解していれば、子どもに「生き方」を教えることができます。

【第4集第29講】7月、成績トップの島津順は塾で上杉海斗と取っ組み合いをした。原因は順が海斗の志望校を「ゴミ」とバカにしたこと。順の母親は塾に弁当を届けるついでに講師をつかまえて話し出すと止まらない……。実は家では、父親が順の勉強をがっちり管理し、塾から出された課題に上乗せで、入試の過去問などを解かせていた。問題に手こずる順本人に当たる代わりに妻に問題集を投げつけ、「お前　何やってたんだよ！」と責め立てる。

「偏差値50の学校なんて学校じゃない」ぞ!!
「今頃こんな問題に時間かかってるようじゃ」…
「絶望的にゴミだ」!!!
母親であるお前のせいだぞ!!

自分より偏差値の低い友達のことを見下したり、塾のクラスのレベルで友達の価値を判断したり、偏差値の低い学校に通っている生徒のことをバカにしたりという症状を発することもあるかもしれません。

子どもの未熟さゆえにそういう過ちを犯すことは、ある意味しょうがないといえます。それでも、いつかそれが過ちであることに気づければいいのですが、いつまでも気づけない場合が危険です。そのようなひとたちには実は、他人と比較することでしか自分自身の価値を認めることができないという弱点があります。他人と比べて年収が多いとか、地位が高いとか、そういうことでしか、自分の人生を肯定できなくなってしまうのです。

【第１集第６講】授業中いつもぼーっとしていてうだつの上がらない成績不振の加藤匠に、佐倉は「マンツーマンで見てあげるから」と声をかけ、励ます。それを見てひいきだと感じた前田花恋は、匠を「落ちこぼれダッサー」と罵倒する。匠は塾に来られなくなってしまった。御三家を十分に狙えるほど成績トップクラスではあるものの、花恋は花恋で満たされぬ思いを抱えており、このころいつもささくれ立っていたのだ。

落ちこぼれのレベルに合わせるのなんか、
学校だけで十分だよ。
ハイ、駅組は僕についてきてねー。
先生さよならー。
ハーイさよならー。
気をつけてねー。
ピ
佐倉ちゃーん。
教室の片付けお願いねー。

やり方を間違えると親子を壊す凶器にもなります。

中学受験の最悪のシナリオとは、全落ちすることではありません。途中で子どもや親や親子関係が壊れてしまうことです。親子を壊すいちばんの原因となるのが、「第一志望に合格しなければ意味がない」というような「ゼロか百か思考」です。気づいたときには親も子もボロボロ。世間一般にある「中学受験残酷物語」のイメージは、このような親子から生まれたのではないかと思います。中学受験が悪いのではなく、やり方が悪いのです。

【第9集第79講】親の教育虐待から守ってやりたい一心で、黒木は晶に肩入れし、実力以上の得点力を身につけさせ、なんとか第一志望に押し込んだ。しかし晶は学校の授業についていけず、公立中学に転校し、理想の息子ではないという理由で両親からも見放された。黒木もSOSに気づいてやれず、絶望の淵で、晶は家庭内暴力を起こす。母親の電話で駆けつけた黒木が見たのは、バットで破壊し尽くされた部屋と、傷だらけの晶だった。

私が軽率に家庭に介入し、
実力以上の学校に押し込んだ結果が、
「家庭崩壊」でした。

子を思うあまり、親はときに、心にもないことを言ってしまうものです。

「そんな気持ちでやるくらいなら、中学受験なんてやめてしまいなさい」。もしここで、「わかった。やめる」と子どもが言ったら、きっとほとんどの親は動揺を隠しながら、「やっぱりやる」と言わせる方向に誘導するでしょう。言ってから後悔するような言葉を言うべきではありません。このような言葉が口をつくときはおそらく、ふがいない子どもの状況を見ているストレスに、親自身がたまりかねてしまっているときです。

【第11集第94講】不登校気味の柴田まるみは親友の直江樹里と「ふたりで絶対にJG（女子学院）行こうね」と約束していた。しかし母親は「2月1日はJGを受けるより、いっそのこと第二志望を受けて」と提案する。反論するまるみに母親は「この際はっきり言うけど！　学校の授業に出れてないから『3』（内申の最高値）がつかないの！　だから、調査書が必要なJGは無理なの！」とたたみかける。「…ごめん、ママ…言いすぎた…」と気づいたときには遅かった。

ジュリとの約束はナシにする…
バタン…
……
ば
ガタン
言ってはいけないことを、
言ってしまった……!
「傷つけたくない」ための話し合いで、
逆に傷つけてしまうなんて……
うっ…
うっ
うっ…
うっ
うっ……

誰かの成功体験をそのままあてはめても、同じような結果が出るとは限りません。

ちまたには「頭が良くなる勉強法」や「東大に合格するための習慣」などの本がありますが、誰かの成功体験をまねしても同じ結果が出るとは限りません。しかし中学受験の沼にはまってしまった親にはそれがわからず、過度な叱責や強制的な勉強につながります。「待てば勉強するようになるのですか?」「ほめればやる気を出すのですか?」と聞かれても、どれだけ待つことになるのか、どれだけほめなければいけないかは、ひとによって違います。

【第11集第91講】従順な性格で成績もぼちぼちの原秀道には、高2の姉がいる。きょうだいは性別も違えばタイプも違う。母親の言うことを聞かない姉は、結果的に中学受験で難関校に連戦連勝。一方、秀道に対しては母親がなんでもかんでも指示を出していたら、いわゆる指示待ちっ子のようになってしまった。「2回目ならうまくやれるってものでもないね… 子どもは一人一人別の人間だったわ、そういや…」と母親は回顧する。

AHHH H HHH!!!
バリ
バリ
バリィィッ
確かに
なあ〜
ハハハハ
いつも冷静な君が
テキスト破いた時は
驚いたよ。
笑いごとじゃないって！
後から話すと
皆「一度はやった」
って言うもの！
それよりね
私は、
「紀香で一回
やったんだから
秀道はもっと
うまくやれる」
…って
なぜか思ってた
とこだよ…
…全然
違ったわ…
紀香は小6で
反抗期
入っちゃって、
あんなに言うこと
聞かなくて
毎日バトルで
めちゃくちゃだったのに、
フタ開けたら
難関校を
連戦連勝。
比べて秀道は
言われたこと
そこそこやるし
素直だし、
これなら紀香より
いいセンいけるかも
って思ってたのに。
合格発表
合格通知
合格

こんな奇跡は漫画かドラマだけだと思ったほうがいいですよ。
それくらい、あり得ない。
ほお…
そもそも、ここで合格できたという奇跡以前に、
ダッ
ああいう形で不登校を克服しようと歩み出せること自体が奇跡なんです。

【第21集第180講】いっしょに女子学院に行こうと励まし合っていた直江樹里と柴田まるみ。結果はふたりとも不合格。樹里は吉祥寺女子に、まるみは湧泉女子に進学することになった。しかし2月6日にまるみに吉祥寺女子からのくり上げ合格が出て、同じ学校に通えることに。さらに13日には両方に女子学院からのくり上げ合格が出た。そもそもまるみは不登校からの女子学院合格。黒木は「こんな奇跡は漫画かドラマだけ」と言う。

多くの子どもたちが その一歩が踏み出せずに 何年も苦しい思いを 抱えています。
だから、
パサッ
スッ
このプリントを埋めたのだとしたら
君は本当に頑張った
時間ができたから来ちゃったけど
早く来すぎた プリントはま できてなくて OKだよ
ギ
スゥ
彼女は あの 一歩を踏み出せた 時点で、
「特別」で 「ユニーク」なんです。
だから今回の合格を 成功例として 語り継ぐことすら 躊躇しますね。
一歩を 踏み出せない 子どもを、
「奇跡の合格」が できない子どもを、
否定することは あってはならない。
しかし、 この「奇跡」、

親にだって人間としていたらない部分はたくさんあるはずなのに、それを棚に上げて、子どもには完璧を要求してしまうのです。

「○○中学に行きたい」「中学受験したい」。子どもに言わせて言質をとります。子どもがさぼると、「あなたは約束を破った」「やるって言ったじゃない！」。親はそこを責めます。約束を破るのは人の道に反することだとされているので、それを厳しく叱る正当性を得たのです。毎日の運動が持続できない、間食をしてしまうなど、自分だって弱いのに。子どもは勉強ができないことを叱られるだけでなく、人格まで否定されてしまいます。

【第5集第38講】授業は真面目に受けない。テストも鉛筆を転がして答える。自習室で炭酸飲料をぶちまけたり、ネズミを追いかけてドブにはまって登塾したり……。問題児扱いされている石田王羅に、温かい態度で接する橘勇作に、佐倉が「なぜ？」と聞く。橘は「本来、小学生なんてあんな感じだぜ～」と答える。当たり前のことに気づかされた佐倉は「…あの、なんか… 目から鱗でした、ありがとうございます！」とお辞儀する。

だってあいつ、毎日 塾に来てるじゃん。
俺達いつの間にかそれが当たり前な気がしてるけどさ、
そもそも「小学生が毎日塾に来て座ってる」こと自体が、
すごくね？
すごいんだよ！だから、うちの塾に来てる奴らは一人残らず、すごい！

【第 13 集第 114 講】冬期講習期間中。授業の前後で自習室を利用する生徒は多い。母親に言われて塾に来た武田勇人であるが、入室システムにタッチだけしてばっくれようとする。塾講師たちはそれを「バックラー」と呼び、「あるある」だと笑う。体力に自信がある佐倉は、階段で先回りして勇人をとらえ、塾に連れ戻す。９月には「解答」を写すズルをやめると宣言して大きく成長したかに見えた勇人だが、まだまだ子どもなのだ。

【第19集第162講】2月3日22時前。黒木は全落ちの原秀道の家に電話をかけ、ひとつでも合格を経験すべきと勧める。「自主性が全く見られないんですよ」「自分で目標を決めて、そのために努力して、叶わなくてしっかりと悔しがる、そういった、人生に必要な感情を、あの子が学び取ってくれないことには」と訴える母親に、「…そうでしょうか？」と疑問を呈す。桂歌子は「不合格に傷ついてないわけないのに…」とため息をもらす。

「このままでは目指す目標には届かない」という焦りから、不安にとりつかれたのだと考えられます。

第一志望に憧れを抱き、受験勉強のモチベーションにするのは大切なことです。しかし第一志望しか見えなくなると危険です。失うものが大きいと感じれば感じるほど、不安も大きくなります。大きな不安を抱えると、その不安に自分自身が振り回されます。その悪循環にはまりやすいのは、受験生本人よりも親のほうです。それが、中学受験で親子が壊れ自滅する典型的なパターンなのです。「第二志望でも納得できないという病」です。

【第８集第69講】島津順の父親は、息子の勉強を徹底的に管理し、塾の方針にも異論を展開する。５年生後半までずっと偏差値70前後をキープしていたのに、６年生になってからついに偏差値60台前半まで落ちてしまい、「順はこんなもんじゃなかったはず」と焦った。「四当五落（5時間以上寝たら落ちる）」「できるまでやれ！　寝るな！」と無茶を言う。順をかばう母親の手を振り払い、ついに突き飛ばす。それを見た順は……。

カタ
カタ
やるならもっと
とことん
やるべきだった。
うっかり可哀相と
手綱を緩めたら
あっという間に
落ちて行ってしまう。
3年も
頑張って
きたのに。
カタ
カタ
俺がまだまだ
甘かった！
こいつの3年の努力を
無駄にしないためにも、
ガタッ
心を鬼にして
追い込む
…!!
もういい！
中断だ順!!
びくっ
お前、今
大問1飛ばして
大問2に行こうと
しただろ!?
ダメだ！
その問題が
できるまで
粘れ！
えっ、
得意な問題から

プロの塾講師であっても、「わが子だけは教えられない」と苦笑いをするのを私は何度も見ました。

お預かりしている子どもであればプロとして客観的な立場に立って適切な指導ができます。しかしわが子となると、プロの塾講師でも、どうしても感情的になりやすいというのです。子どものほうも、相手が自分の親だとつい甘えが出てしまう。それがまた、親からすると許せなかったりする。そして、親子関係が悪化するのです。ましてや素人の親がわが子に勉強を教えるのは、あまりにリスクが高いと断言していいでしょう。

【第8集第67講】10月の保護者面談で、取り乱す保護者たちを見て、正直ドン引きする佐倉。特に、親族一同と同窓のOK大付属系列校に入れるのが至上命題になってしまっている毛利光の親に対しては、「どうしてご親族の言いなりなんかに。そんな声気にしないでもっと自由な選び方してもいいのに」と感じる。しかし先輩講師の桂歌子は、「想像してみて？　少なくとも12年言われ続けるのよ『子どもをOKに入れて』って」と諭す。

「我が子には幸せになってほしい」

「そのためには親である私が失敗してはならない」

そんなプレッシャーを背負いながら戦いの日々を送ってる。

みんな我が子のために必死なのよ。

親が熱くなるのはしょうがない。

だからせめて私たちジュクコーは冷静でなきゃね。

自分の成功体験に基づいてわが子を激しく鼓舞する一方で、わが子の努力や成長を素直に認めてやることができず、「お前はまだまだダメだ」というメッセージを発し続けてしまいます。

一見高学歴であっても実は東大に不合格になり仕方なくワンランク下の大学に行ったなどというパターンの親の場合、成功体験と屈辱体験の融合が、わが子への歪んだ期待をもたらします。「子どもには成功してほしい」という顕在的な願いと、「子どもにも挫折を味わわせなければならない」という潜在的な欲求が心の中に共存しています。教育熱心さが、教育虐待まがいのことに堕してしまう落とし穴がここにあります。

【第８集第69講】６年生になってから偏差値が下降気味の島津順。順の勉強を管理してきた父親は焦り、「そのカリスマ（黒木のこと）とやらがいるのに成績が落ちてるのはなんでだ？」「塾になんか頼らない。俺の力で受からせる!!」と塾への不満を募らせる。父親が中学受験をわかっていないのをわかっている順だが、渋々父親の言うことを聞いて、無理な課題に取り組む負荷を受け入れる。いさかいを避けるため、すなわち母親を守るため。

今なんて言った？
「開成クラス」では、
「解法を丸暗記せず一問一問アタマに汗かいて解け」って言われてる。
それは例のカリスマが言ってんだろ？
そいつが来てから成績落ちてんのになんでアテにしてんだよ！
俺は「旧帝大」を「塾にも行かず」「自分のやり方」で合格したんだぞ？
ゴンッ
俺が大学受験でやったやり方が絶対正しい!!

親の「無理」という言葉は、子どもにとっては強力な呪文です。

「こんな点数じゃ〇〇中学は無理」のような言葉が口をついて出てきてしまうのはおそらく、テストを受ける前にダラけていたりサボっていたりという伏線があってのことでしょう。テストの結果よりも、態度を戒めたいがためという意識が強いのかもしれませんが、しかし12歳にとって親の言葉がもつ力は強力です。「自分はもう無理なんだ」と自己暗示をかけてしまいかねません。いちど自己暗示にかかってしまうととくのは容易ではありません。

【第12集第105講】上杉陸斗と海斗は双子。陸斗は勉強に向いているが、海斗は勉強には向いていないから別の道で頑張ればいい……。母親はそう考えていた。開成を受けたいと打ち明けた海斗に、「人には…『向き不向き』があるのよ…」と諭す。海斗は「いつまで僕達が『向いてる』ことをママが決めるの？」「僕達は…結果を出さなければ、その分野で頑張ることもできないの？」と問い返す。自分が変わるべきだと母親も気づく。

僕は、自分のための受験がしたくて、だから頑張れた、でも、
ママが始めたことだから、僕は、僕達は、ママが決めたことに従わなければならないの？

じゃあ、僕達は、いつになったら自分がやりたいことができるの？自分のやりたいことを自分で決められるの？

…僕は、ただ…

最初から「できない」って決めつけてほしくなかっただけなんだ…！

本人が自ら考えて気づき改めようとする前に親が「こうしなさい」「ああしなさい」と指図することは、本人から気づきのチャンスを奪うことです。

もっと危機感をもって取り組んでほしい。受かりたいなら本気を見せてほしい。そんな不満が募ったときは、いちど怒りや焦りを鎮めてから、「この結果についてどう思う?」「どうしてこういう結果になったと思う?」と、本人の意識をたしかめるような会話を心がけましょう。本人が気づかないとどうしようもないことですから。ぐちゃぐちゃ言い続けるのは、いつまでたっても毎回親が指図しないとやらない子に育てているようなものです。

【第5集第42講】8月の保護者会で黒木は、危機感の足りない子どもには早く火を着けなければと言うと同時に「勉強のことに関してはあなたに任せているからね」と伝えるべきだとも言う。「矛盾してますよね!?」との反応に、「火を着ける」とは、「任せている」と伝えることで受験を自分ごとにさせることだと説く。それでも冷静でいられないときには、「『不安』や『不満』や『攻撃』はすべて、私どもにぶつけてください!!」と訴える。

「○○しなきゃダメでしょ」「どうして○○しないの」等の言葉かけは、

「ご自身の不安」をお子さんにぶつけているだけ。

いつまでも口を出していたら「やらされている」という気分から抜けられない。「この受験は親のものではない自分自身のものなのだ」と自覚させないと。

それはまさに「今」

「今」！お子さんに最も必要なのは！

受験を「自分ごと」にさせることです！

親が外からプレッシャーをかけたところで、本人の内心が前向きにならない限り、何も変わらないどころか、むしろ本人の意志で変わるチャンスを摘み取ってしまうかもしれません。

最初は言われた勉強をこなすだけだった〝仮の中学受験生〟が、自分の目標のために自らを律して勉強する〝本物の中学受験生〟に進化するのは、子どもによってタイミングが違います。当然そのタイミングが早いほうが好ましいわけですが、かといって、本人が変わる前にまわりがけしかけてしまっては、本人は自ら変わることができません。ずっとこのままかもしれないと覚悟を決めて待つ。本人が変わるためにはそうするしかありません。

【第11集第94講】柴田まるみの母親は、不登校のせいで調査書（通知表）に「3」が付かないから、調査書が必要な女子学院受験は無理だと娘に言ってしまう。親子関係に亀裂が入り、黒木に助けを求め、そこで不登校になった経緯を初めて明かす。3年生のころ、いじめにあい登校を渋るまるみを力尽くで登校させたのだ。しかしそれが間違いだったと、不登校が本格的になったあとで知る。不登校でも受験生でも親は待つのが基本なのだ。

休みが長引くにつれ、
私達の不安はあせりとなり…
ママ、このままじゃダメだよ！
きっと今まで末っ子可愛さで甘やかしてしまったんだ。
ほっといたらナイーブな人間に育ってしまう。
ここは心を鬼にして、
なんとしてもまるみを学校に連れて行く！
イヤぁ!!
行きたくない!!

カチャッ…
ゲーム、
通信制高等学校
専攻コース
…

【第15集第128講】祖母宅に身を寄せている晶のところに黒木は定期的に顔を出す。顔を出すといっても、中学受験で教育虐待を受け、親が選んだ第一志望に進学するも自主退学になり、親に見捨てられて傷だらけになっている晶は、部屋から一歩も出てこない。顔さえ見せない。そんな晶に廊下から「俺は、のんびり待つから。君が『答え』を出すまで、いつまでも」と声をかける日々だったが、ついにドアが開き、「答え」が差し出された。

教育虐待をしてしまう親のほとんどは「あなたのため」だと本気で思っているのです。

わが子を思う親心を暴走させる魔物が、誰の心の中にもいます。いつもは心の中に潜んでいるコンプレックス、恐怖、悲しみ、トラウマのようなものが、わが子の中学受験という劇薬によって目を覚まして暴れ出すのです。魔物を鎮めるのに必要なのは、魔物の声に耳を傾け、癒やすことです。自分の弱さや痛みを赦《ゆる》せるようになると、目の前にいる子どもの努力や成長に目を向け、ありのままの子どもを受け入れられるようになります。

【第９集第78講】不正解で腕をつねるのも、私立中から公立中に転入したのがマンションのほかの住民にばれないように祖母の家に預けるのも、すべて「あなたのため」と母親は言う。晶は「『××中の生徒』じゃない僕が恥ずかしくて邪魔なんだろ？」と指摘する。心の中では「『違う』って言って」「今度こそ本当に『僕のためを思って』って言って」と念じていた。母親の答えは「『理想の息子』になれないなら出ていって！」だった。

おばあちゃんの家に住んでそこから公立中に。
そのほうがあなたのためになるから。
あなたのためだから。
受験もあなたのためなのよ。
××中に行くのがあなたのためなの!
厳しくするのもあなたのため。
あなたのため。
…ママは、

子どもを変えるよりも、自分を変えるほうが早い。

自分を認められなければ、他人も認められません。自分を許せなければ、他人も許せません。自分に余裕がなければ、他人におおらかではいられません。子どもを守りたければ、まず自分を労ることです。自分の機嫌を自分でとるのは、親の責任です。意識的に気分転換の機会をつくりましょう。子どもへの不安が強いときは、自分自身が自信をなくしていたり、気がかりがあったりするものです。心に余裕ができれば、見え方も変わります。

【第10集第81講】秋以降、出願準備や健康管理など、親がしなければならないことも山積みだ。しかし「どんなに温厚で冷静な方でも必ず、親御さんのメンタルに3回のクライシスが来ます！」と黒木は断言する。1回目は、最後の模試が行われる12月の直前。11月を「『魔』の時期」と黒木は呼ぶ。残りの2回は1月入試と2月の本番。不安に振り回されず、嘘でもいいから自分自身を上機嫌に保てとくり返し訴える。

ぞ
2月入試本番を迎えます…！
わっ…
11月
12月
1月
2月
…親として2月までにこれだけ大量のタスクがあります。
ですから、
もう成績に一喜一憂することにリソースを割いてる場合ではありません！
ケンカをするエネルギーは全てマネジメントに充ててください！
我慢できないこともあります、ですが趣味などでガス抜きを！
自分のご機嫌を取れるのは大人の特権です！

ビックスピリッツ高等学校
メタバース入学式
新入生のみなさん
おめでとうございます！
けど、出席中、
アバターで。
まだ…外に出るのは難しいし、
通信制高校の先生も、「みんな時間はかかる」、
「だから焦らず、
見守ってください、遠回りのようですが一番の近道です」。
って。
そうなんだ、私にはよくわからないけど、
今朝、顔を

久しぶりに
瞳がキラキラ
してたよ。
入学式まで、桜、
もたなかったね。
残念。
入学
学園中学校

【第21集第183講】フェニックス時代の黒木の教え子で、母親から教育虐待を受けていた晶は、第一志望の合格を手にするも、成績不振から不登校そして退学。長い間ひきこもっていたが、通信制高校への進学という形で、とうとう自ら一歩を踏み出した。「悪い意味での狂気」にとりつかれ、現実をなかなか受け入れられない母親であったが、ようやくそんな息子をありのままに受け入れられるようになっていた。晶の目に、輝きが戻った。

合格の瞬間の「嬉し泣き」が見れるのは親御さんの特権。

第5章

「最強の親」は、わが子を尊敬できる親

「成績が上がってほしい」と切実に願う一方で、「成績が上がらなくても、この子が精一杯頑張って力を出し切れるのなら結果はどうでもいい」と心の底から思えるようになる不思議な体験をするはずです。

小学4年生で塾に通い始め、難問にもあきらめずに取り組むようになる。テストの結果に一喜一憂し、「次はもっと頑張るぞ！」などと目標を立てたりするようになる。「できれば親を喜ばせたい」という気持ちも当然もっている。しかし、親が「結果がすべて」と思っていたら、これらの成長は合格という形でしか報われません。「いま、ここ」での子どもの努力と成長に目を向け、励ますことを、中学受験生の親は忘れてはなりません。

【第8集第66講】加藤匠の偏差値は、2月までは40だったが夏休み明けには55になっていた。面談で「自分でやりたいこと、目標を見つけてからはすごく頑張るようになって…辞めなくてよかった…」と母親は目を潤ませた。

【第10集第82講】その日の家庭学習の課題を終え、晴れ晴れした表情で「お風呂で動画観てもいい？」という加藤匠。母親は「いいよー」と答える。父親も「きっちりメリハリつけてやってるな」と感心する。

ここまであの子が頑張ってこれた姿を見れただけでも続けてよかった。
あの子を導いてくれて…本当にありがとうございます。
すごく努力してる…だから、
「どこかに受からせてあげたい」って気持ちが強くなっちゃって…
だよなあ…
…
…

中学受験を笑顔で終えられる親子とは、子どものみならず親自身も、中学受験という機会によって自らを変え、成長できた親子なのです。

くり返します。中学受験は残酷なまでに親の未熟さをあぶり出すイベントです。わが子がテストの結果と真摯に向き合い努力を重ねているというのに、親が自分の未熟さから目を背けていては、親子関係がギクシャクするのは当然です。結局のところ、中学受験を笑顔で終えられる親子とは、子どものみならず親自身も、中学受験という機会によって自らを変え、人間的に成長できた親子なのです。親子それぞれの成長はまるで車の両輪です。

【第4集第32講】父親から無茶な課題を与えられて追いつめられた島津順は、塾をさぼって行方不明に。母親は昔を思い出し「ただ元気でいてくれるだけでよかった…！なのに私達はいつから、『もっと』と言い出したのだろう…」と目を覚ます。黒木たちが順を見つけ帰宅するが、父親は、塾をさぼった息子に激怒し暴言を吐き、母親を責める。言われっぱなしだった母親がそこでついに言い返す。隣の部屋で聞いていた順は、落涙する。

どこにも受からなかったとしても、
順は順です・・・！

復習シリーズ
算数6年 下
解答
お母さんに持っててもらうことにした…
そっか…じゃあ今まで…
簡単なやつだけやって…めんどくさそうなやつは、
答え…うつしてた…
合宿で…できるやつみんな答え見ないでやってた。
だから俺成績悪いんだ。
だから俺もう、

【第6集第51講】「解答」を持ってこなかったから丸付けができないという武田勇人。佐倉が「忘れ物とか…ちゃんと自覚持って…」と言いかけると、泣き出した。忘れたのではなかった。夏休み明けの模試の結果に勇人自身が危機感をもち、宿題をやるときに解答を写すズルをしないようにと、母親に預けたのだった。そのころ自宅では、母親が「どこに隠そう？」と言いながらちょっぴり嬉しそうに笑っていた。わが子の成長を感じながら。

ガクッ
ゲホッ
ゲホッ
柴田さん！
ゲボ
ウグッ
ま、負けない。
分数
100
負けたくない！
負けたくない、自分自身の弱さに!!

【第11集第96講】柴田まるみは、小3のころのいじめが原因で不登校を経験し、小6では保健室登校を続けていた。テストはほとんど100点満点だが、教室には行けていないので、通知表で「3」が付かない。第一志望の女子学院出願には調査書（通知表）が必要だと知らされ、自らの力で保健室から教室へと向かった。それを聞いた母親も、不合格になって傷つく娘を見たくないという理由で反対していた女子学院への挑戦を応援すると決めた。

聖カサブランカ女子、受験したいです…
受けさせてください、お願い…

【第19集第161講】2月3日の夜。2月受験で全落ち中の今川理衣沙の母親に、黒木と佐倉は翌日の聖カサブランカ女子受験を勧める。偏差値が低いからという理由で、母親としては受けさせるつもりがなかった。帰り道、「わかってる。とっくにわかってる。でも」と逡巡する。いまこそ自分の見栄を捨て、わが子と向き合う最後のチャンスだった。帰宅すると、「ママ…怒らないで、聞いてほしい…わたしね…」と理衣沙が静かに語り出した。
ママ…！
スッ
カ
チャッ
理衣沙！
時間ないから、
急いで出願するよ！
カタ
カタ
カタ

せっ、
ガッ
せんせいっ!!
ぼっ、

ぼくがっ！
ぼくが、受けられる学校って、
もう、ないんですか!?
ほんとうに、
ぼくは、今日で最後なんですか？
ダッ

【第19集第165講】2月4日の20時過ぎ。全落ちの原秀道親子が来塾。「ここで中学受験を終わりにします」と母親。うつむく秀道に黒木は「本当に求めていることがなんなのか、しっかりと、自分の言葉で伝えられるよう応援します」という言葉を贈る。講師全員で見送るエレベーターが閉まりかけたそのとき、秀道が血相を変えて飛び出した！ 「合格…したいです…」と黒木にすがった。土壇場でついに、自分の言葉で意思を伝えられた。

ふがいなさよりも誇らしさを、絶望より希望を、努力するわが子の背中に感じましょう。

中学受験勉強の約3年間を大冒険の物語だととらえるといい。中学受験生は果てしなき旅路を行くヒーローです。現代社会においては数少ない、リアルにスリリングな冒険です。目的が本当に達成できるのかもわからない、どこに落とし穴があるかもわからない、怪物が現れて回り道を余儀なくされるかもしれない、苦難の旅。生まれて初めての本気の大冒険を、そして母親や父親の存在感の大きさを、子どもは何年経っても忘れません。

【第17集第143講】2月1日午前の城山学園を不合格になってしまった大友真千音。不合格にはショックを受けながらも、持ち前の天然キャラを発揮して、やけ食いという方法でストレス解消。すでに21時近かったが、翌日の対策をしに塾においでと、ベテラン講師の桂歌子が声をかける。「絶対に『自分はできる！』と思わせて帰らせること！」が目的だ。狙い通り、「明日絶対受かる、大丈夫!!」と泣きながら怒って帰っていった。

悔しいから
美味しいもの
食べようと
思って、
フ◯ーチェ
作ってる！
フ◯ーチェも
いいけど、
もし来れそうなら、
ここ来て、明日の
対策する？
ズコ
明日も早いから
ほんのちょっと
だけでいいよ。
よし！
じゃあ、
待ってるね！
ガタ
城山学園
むかつく！
悔しい！
明知学院は
絶対
受かってる！
今日ダメでも
明日絶対受かる、
大丈夫!!
泣きながら
怒ってる…

「うちの子はサボってばかりで、
とても努力なんてしてきたように見えない」と思ったとしても…
よく考えてみてください、
夏から、ほぼほぼ連休を取ってません！
私は…あの子達がこんなに頑張れたことに感動しています…！
「あとひと踏ん張りだ！」と励ましています。
そして私は断言します！
残りの50日は！

人生で5本の指に入るくらい熱い50日です!!
おそらく今から大変なこともあるでしょう、しかし、
最高に！うれしい瞬間がきます！
これから、最高にいいことが待っている!!

【第13集第109講】年末の保護者会。黒木は出願の注意点から受験当日の注意点までをぶっ通しで説明する。最後に黒木は、保護者に訴える。ふがいなく見える子どもたちであっても、夏から休みなく努力を続けているという事実を。いよいよ迎える本番を前にして不安な気持ちになっている保護者たちへの励ましだ。そして「残り50日、全力で駆け抜けましょう！　絶対に！『やってよかった』と思う、『いい入試』を!!」と大演説を締めくくる。

親は、勉強を教えることや、子どもを管理することよりも、子どもを安心させリラックスさせることを第一に考えてください。

家庭が安心できる空間でなければ、子どもは力を発揮することができません。勉強を教えることや、管理することよりも、毎日戦っている子どもの心を安心させ、安定させてやることが、親の役割です。そのためには、きょうだいを含めた家族全体のサポートが必要です。夫婦が密にコミュニケーションをとって助け合うことも必要です。中学受験という機会を通してそんな家庭がつくれたら、それだけで、やって良かったと思えるはずです。

【第6集第53講】残暑が終わるころ、いよいよ中学受験も大詰めを迎える。昼間から一転、夜になって急に冷え込んだので、加藤匠の母親は、パーカーを持って塾までお迎えに来てくれた。緊張感が張り詰めていく時期ではあるが、塾帰りの親子の顔にはなぜか幸せがある。小6の序盤、死んだ魚のような目をしていた息子と、「うちの子ホントにおっとりしてて」「中学受験に向いてない…」と嘆いていた母親が、たった半年でこれだけ成長できた。

やきいも
やきいも屋さん!!
食べない?
やきいも
冷たい風と
ともに、
あま〜
うま〜
重い暗雲を
連れて——

【第11集第98講】11月。加藤匠の母親は、「勉強の内容はもう私にはわからないから本人に任せて、各自、自分にできることを全力でやろう！」と決心する。各自とは、父親と兄を含めた家族全員である。母親は、おいしくて、消化にいいお弁当を持たせる工夫をする。感染症予防には家族全員に協力してもらう。中学生の兄も、弟に負けじと自分の勉強を頑張る。「せめて『明るく』！『元気に』！」をモットーに、家族が一丸になった。

つけめん？
つけうどん？
わい
スープと麺一緒だとのびるから別にしたって。
頭いいな母ちゃん！
うちも真似してもらお！
食事はなるべくあったかくて消化のいいものを、
とはいえ働いているし時間ないからなるべくラクに。
カサ
しょうが
うまっ！
メガネくもる

はちみつ生姜湯、うまっ！
あったまる～!!
うま
あらっ！お兄ちゃんまで勉強！
ただいまー！
バタン
ハハハ
匠が勉強してるのにさすがに横で遊べないよ。
てか週明けに小テストあるし今のうちにね。
えらい！
あっ！お父さんダメダメ！
えっ!?
ほら！決めたじゃない！
家族で取り組もう!!
★身体にいい、おいしいごはん！
・あったかいもの！
・おなかに優しいもの！
アイスはしばらくみんなでガマン
★カゼ対策！
・うがい、手洗い
必ず!!
・マスク！
・帰宅したら、すぐ！
着がえ→おフロ直行!!
策！
うがい、手洗い
必ず!!
マスク！
帰宅したら、すぐ！
着がえ→おフロ直行！
はみんなあわせて
時間だよ!!
あっ！そうだった!!

「行動」を変えれば「気持ち」はあとから付いてきます。

「5時になったらとりあえず机の前に座る」というように、まずは「行動」を習慣化してしまうことが子どもにとって大事なのと同様に、親にとっても、気持ちより先に行動を変えることが大事です。模試の結果に一喜一憂したり、子どもの態度に苛立ちを感じたりしたときには、無理に感情を鎮めようとするのではなく、まず行動を変えてしまったほうが早い。他人を演じるくらいの気分で振る舞ううちに、感情のピークも過ぎ去ります。

【第10集第81講】11月以降、親のメンタルには3度のクライシスが訪れると黒木は警告する。しかし感情に振り回されている暇はない。そこで黒木は「『女優』になってください」「『いつもニコニコ明るい親』を演じてください！」「小学生の受験は中高生と違って、親とのケンカひとつでパフォーマンスが激しく落ちます！」「それでも演じきれない時は、お気に入りのアイドルのコンサートにでも行ったらいかがでしょう？」と訴える。

お子さんに、残り３か月最高のパフォーマンスを上げてもらいたければ、
皆さんもアカデミー賞ばりの名演技を！
…そうは言ってもやはり親子。
他人ではないのでどうしても感情的になってしまうのは致し方ない。そんな時は、
思い切って「他人」を演じましょう。
!?

不安な気持ちでいっぱいになりながら子どもの背中を見守るしかないというのが子育ての本質であり、そのこと自体がこのうえなく幸せなことなのではないでしょうか。

第一志望入試本番当日を想像してみてください。「保護者の付き添いはここまで」というところで、わが子を見送ります。ただ目を見て、無言でうなずきます。「大丈夫、自分を信じて」。子どもも無言でうなずき返します。その瞬間を最後に、わが子は自分に背中を向け、もう振り返りません。自分の目標に向かって前だけを見て歩み始めます。その背中が、初めて塾に通い始めたときとは比べものにならないくらいに大きく見えるでしょう。

【第16集第137講】何度もあきらめそうになりながら、とうとう柴田まるみは、2月1日の朝、女子学院の入試会場にたどりついた。母親は「こんなすごい大冒険に連れてきてくれてありがとう。そんなあなたを誇りに思う」とまるみを送る。その背中に、ランドセルを背負ったまるみを重ねる。「いつも学校に送っていくと、『まだ行かないで』とばかりに何度も振り返ってたあの子」。まるみは誰の手も借りず、一人で戦いに挑む。

泣きそうな顔をして、
何度も何度も不安げに振り返る、
ajidas
そんなあの子はもういない。

【第16集第138講】2月1日、開成。上杉海斗の母親は、中学入試を受けるだけなら身体に危険がおよぶことがないんだから、空手の試合よりもましな気分だと言って、息子を笑わせる。島津順の母親は、開成に隣接する稲荷神社に神頼み。母親から順との面会を断られている父親は、離れたところから順を見守っていた。彼らを見送った黒木は「さて、ここから先は彼らの孤独な戦いです。我々は祈るのみ」と言って開成をあとにする。

さて、

彼らはたった12歳にして、自分が進むべき道を自分で選びとるために努力することを決意した、勇気ある子どもたちなのです。

どんなに優秀な子がどんなに努力を重ねても願いが叶わないことがある中学受験という選択に全力で立ち向かったチャレンジ精神は、結果がどうであれ必ず、子どもにとっての一生の財産になります。中学受験のプロセス自体がすべて、親子にとってのかけがえのない財産になります。ただでさえ苦難の連続だし、結果に傷つくことも多いことは、12歳の子どもでもわかっています。それでもあえて挑戦を選んだ時点で、彼らは勇者です。

【第20集第172講】中学受験最高峰を目指す島津順や双子の兄弟の陸斗に憧れて、自分も開成を受けると決めた上杉海斗。開成合格とはならなかったが、もともとの第一志望であり、父親の母校でもある東央への進学を決める。開成にくり上げ合格した順の札を見て、「ししょー（順のあだ名）、まじかっけえ…！」と感嘆する。この状況で友人の金星を素直に喜べる海斗の人間性を含めて、黒木は「君達はみんな、かっこいいんです」とつぶやく。

合格おめでとう！
合格おめでとう！
祝合格 東央中学校 上杉海斗
帝都女学館中学校
祝合格 黒薔薇学園中学校 本多華鈴
祝合格 雙葉中学校 本多華鈴
祝合格 開成中学校 島津順
祝合格 馬武立学園中学校 直江樹里
祝合格 中央中野中学校 柴田まるみ
君達はみんな、かっこいいんです。
帝都大学附属中学校 上杉海斗
東央中学校 上杉海斗
成明中学校

中学受験生の親である自分自身にも、誇りを感じてください。

長く困難な旅路を経てとうとう入試本番までたどりついたわが子を見て親は、無量の感慨に襲われます。でもその親が乗り越えてきた試練だって、並大抵のことではありません。そのこと自体にもっと誇りをもっていいんです。子どもも、親が自分のために少なくない犠牲を払ってくれていることくらい知っています。言葉には出さなくても、感謝の気持ちが芽生えています。この時点でもうすでに、その中学受験は成功しているのです。

【第16集第135講】最後の授業でもある1月31日の激励会で、講師たちは生徒たち一人一人にねぎらいの言葉をかけながら、手づくりのお守りが入った封筒を手渡す。さらに、講師たち一人一人から、一言ずつエールを送る。橘勇作は「君達の努力が報われるように、ご家族が一生懸命頑張ってくれた。ちょっと思い出してほしい」と語り出す。挑戦したこと、努力したこと、立ち直れたこと、そして、感謝できたこと……。すべてが宝物。

毎日のお弁当、好きなおかず、
リュックの脇に入れた、水筒の中身、
夜、寒い中迎えに来てくれた時の手の冷たさ、
いつか忘れてしまうかもしれない一つ一つの出来事を、
忘れる前に、どうか伝えてほしい。
「支えてくれて、ありがとう。」と。

ザアアア
まるみさんをここまで支えることに徹してきたお母様には、
ザアアア
「狂気」が宿っている。
ハアッ…
その「狂気」で、きっと最後まで、
まるみさんを支え続けることを、私は信じています。

【第18集第151講】2月2日夜、柴田まるみの母親は、第一志望の女子学院と第二志望の吉祥寺女子の両方に不合格になっていることを知りながら、黒木からの助言で、その結果を娘には伝えない判断をした。第四志望の合格がわかるまで、娘の前では気丈に振る舞い、明るい親を演じなければならなかった。「とても…耐えられることでは…」と案じる佐倉に黒木は「大丈夫です」と断言する。まるみの母親の強靱な精神力を信じて。

「愛」。
私はそう思うのです。
【第21集第176講】中学入試を終え、卒塾会に集まった生徒たちに「本音で喋らせていただきます」と切り出す黒木。塾に通えたのも私立中学に通えるのもお金あってこそ。そのお金は保護者たちの「命の分身」。「命を燃やしながら作ったその『お金』を、あなた達の『未来の可能性』に支払いました。その行為自体が、『愛』」だと。「珍しく、自分が何を言っているのかわからなくなりました」とはにかむが、愛読者にはわかるだろう。
…少し補足します。
では「お金」がなければ「愛」がないのかというと、
そういうわけではなく、
違う形で与えるものも「愛」だと言えますが、

1月
チャリ
君達が合格できたのは、
父親の「経済力」
までであと 1 日
そして、

勝者
－絶対合格の教室－
合格
フェニックス小学部
PHOENIX
黒木　蔵人
母親の「狂気」
高瀬志帆
Shiho Takase Presents
1

【第１集巻頭】32人それぞれの大冒険とそれを支える家族そして塾講師たちの物語。『二月の勝者』は黒木のこのセリフで始まった。「『自分は天才』とでも思ってるのか？」「カン違いも甚だしい」「君達が合格できたのは、父親の『経済力』そして、母親の『狂気』」。黒木の真意は何か？　物語をじっくり読んで、答えなさい……読者への問いだった。「経済力」とはすなわち『命の分身』、「狂気」とはすなわち『強靭な精神力』。

「結局のところ、親は無力である」と。

親子で全力を尽くして、泣いたり笑ったりする約3年間の末に、親はようやく悟るのです。自分の無力を。もう親が近くにいなくても、この子は自分で自分の人生を切り拓いていける。そういう意味での爽やかな無力感です。子育てとは、子どもが親の助けなく生きていけるようにする営みです。子どもにとっての自分の存在価値を少しずつ減らしていくことが、親の役割です。親が親として目指すべき究極の感情は、無力感なのです。

【第20集第173講】前職フェニックス時代の教え子で、有名中学に進学するも自主退学し、ひきこもりになってしまった晶との、扉一枚を隔てての会話。晶も経験した中学入試が今年も終わったことを報告する。今年は教え子全員の「絶対合格」を達成したが、それでも悔いが残らないわけではないと告白する黒木に晶は、「それは黒木先生のせいじゃないでしょ」「本人のせいでもないし、誰のせいでもないよ」と返事する。黒木はこのとき何かに気づく。

誰のせいでもないよ。
そう、だからさ、黒木先生、
俺のことも、
先生のせいだなんて思わないで。

順は躊躇なくこの学校を選ぶ…
やっと…あの子にちゃんと向き合えたばかりなのに、
もう「巣立ち」の時期が来るかも、なんて…
「子育て」って、もしかして、

【第14集第122講】1月受験で、島津順は東海地区の全寮制のトップ校・海王中等教育学校に合格した。しかも寮費も学費も免除の特別給付生として。父親から経済的に独立して仕事を始めた母親の負担を軽くするために、順自身が調べて受験を決めた。夫婦の不仲が順の選択肢を狭めたのではないかと気に病んでいた母親だったが、「でもこうやって自分で切り開いている順を見てると、本当に…頼もしくて、誇らしい…」と目頭を熱くする。

さっきのが、
「息子の手を握る」
最後。

【第19集第158講】東央の1回目の入試で不合格を経験した加藤匠は、2回目の合格発表の時刻を過ぎても動こうとしない。リアルな掲示板での発表を「見に行こう」と約束していたのに、当日になって「行かない」と。「たぶん…今回も、ダメだと思う。だから、ごめんなさい」と顔を伏せる匠に、「謝ることじゃないよ」「胸を張っていいんだよ」と母親。すると「お母さん。ありがとう」と母親の手を握り、合格発表サイトを自ら開いた。

お母さん、どしたの？
ううん、なんでもない！

つないでいた手を
離してもひとりで歩けるようにすることだったね。

【第11集第96講】柴田まるみの母親は「あの子がもう少し精神的に成長するまでは、傷つけたくない」と言って、まだ高嶺の花に見える女子学院受験を回避しようとする。まるみを傷つけて不登校にしてしまった苦い経験があるからだ。しかし黒木は「お母様…とお父様は、まるみさんに、今後、どのようになってほしいのですか…？」と問う。女子学院受験への一歩を自ら踏み出した娘の姿を見て、両親も子育ての本来の目的を思い出す。

今川さん、予想外の進路で驚きました。
そうですよね、ママさんは大学に行ってほしかったみたいですけど。
子どもが親の思い通りにならなかったとしたら、
それは子どもが自立したということ。
子育て大成功ですね。喜ばしいです。
そうそう、前田花恋さん、
今ではスターフィッシュの大事な戦力ですよ。
春からOK生、ショーマさんのド後輩ですしね。
ショーマが二人って感じですか。強いですね。
つよつよです！
ティアラちゃんとも仲良しですし！
つよつよ…

【第21集第183講】かつて黒木と語り合った場所で、ひとりたたずむ佐倉。そこに突然、イギリスから帰国したばかりの黒木が現れる。6年ぶりの再会だ。6年前の2月3日夜、前受け校以外全落ちの状況に追い込まれ、ようやく自分の意志を母親に伝えることができた今川理衣沙が、ネイルアートを学ぶため、大学ではなくあえて専門学校に進学したことが話題に。今川親子は6年前の経験から、勉強よりも大切なことを学びとっていたわけだ。

やっぱり、
「お別れ」だよ。
FORTUNE
ポテトチップス

でも
生きてるなら
それでいいかな〜
ん？
なんの話だっけ
これ？
チョコチップ
クッキー
AGOLD
タゴールドシー
さて、
みんな、
ゆっくり
おしゃべり
できたかな？
卒
えっ、
全然〜〜!!
まだまだ
足りないー!

【第21集第176講】小６の途中で個別指導塾に転塾した石田王羅も卒塾会に来てくれた。自分をいつもかばってくれた講師の橘勇作が吉祥寺校を離れることになったと聞いて王羅は、「もしかして、それって、『お別れ』ってこと？」とつぶやく。そのとき王羅の脳裡には若くして亡くなった父親の面影が甦っていた。みんなの様子を一歩離れたところから眺めながら、王羅はぼそっと「でも生きてるならそれでいいかな～」と言って笑う。

二月の「笑」者

「おわりに」にかえて

――高瀬志帆

『二月の勝者』。この本ではなく、私が描いた漫画のほうのタイトルです。

違和感。引っ掛かりのあるタイトル。

この漫画を連載するにあたり、タイトル設定にはとても悩みました。

だって、絶対、誤解される。「勝つ＝合格、でしょ?」って。


漫画というものは、ある程度セールス的に実績を上げなければ、志半ばで終えなければならない。そういう運命の媒体で発表するには、どうしても、「フック」の強い言葉を使って、読者を驚かせたり振り向かせたり、違和感をもたせなければならない。

最初の段階から、ジレンマの多い連載でした。


私がこの漫画を、どのようなメッセージを込めて描こうとしたか。当初から思いはずっと変わりませんでした。

伝えたかったことは、徹頭徹尾、「勝ち負け」の話ではなかったからです。


案の定、「合格したから勝者だ」「不合格だったから敗者だ」「通学を続けられず、ドロップアウトしたから敗者だ」「最終学歴で勝たなきゃ結局敗者でしょ」…さまざまな意見が絶えず目に、耳に飛び込んできます。連載中はそういう声と戦うように、メッセージを込めて描き続けました。正直に言うと、本当に疲れました。

そして、だいぶ、心も壊れました。しょうがないです。「勝者」や「狂気」という、人の懐に手を突っ込んで揺さぶるようなワードで、人の気を引いたのですから。でも、そこまでして伝えたいメッセージが私にはあったのです。

「勝者」にはいろんな意味を込めたつもりで、漫画を描き、そして終わらせることができました。

そして、描き終えた今、この「笑者」を冠したおおたさんの著書のあとがきという場所で断言させてください。

「敗者」なんて、いません。

漫画の主人公・黒木蔵人が腕に巻いているミサンガは、夢の象徴です。

彼はいろんなことに挫折しながら、何度も、ミサンガを、新しい夢を、巻き続けてきた主人公です。

この漫画で描きたかったことのひとつ。

「何度でもやり直せる」

頑張る君を「勉強ばかりして」という声を遮って、応援したい。

勉強はやっぱり頑張れない、疲れちゃった。という君も「そんなこともあるよね」って。

なんでも頑張れって言われて、イヤになる。それでもいい。

「頑張る」なんて意識はないけど、この分野なら時間忘れちゃうんだよね。それでもいい。

いろんな個性や、いろんなカラーがあっていいと思う。

そうそう。お子さんを見守る親御さん。応援しまくりたいです。

とにかく応援したかった。少しでも、伝わったひとがいたなら、とても嬉しいです。

それと、「スターフィッシュ」のことは絶対に外せない、『二月の勝者』での裏テーマでした。いま、この国には、深刻な格差が存在します。かつての国民総中流社会ではありません。いろんなデータがありますが、貧困率、先進諸国の中で、トップレベルです。

同じ学区で、同じ小学校で、隣に座ってる子が、もしかしたら貧困家庭の子かもしれない。都会の中学受験を扱う漫画で、関係ないって思うかもしれないけど、私にとっては切っては切れない、表裏一体のテーマでした。

この漫画のもう一つのテーマは、「教育格差」です。（バレてますよね、すみません！）若いみんなには自分のことを第一に考えてほしいけど、ちょっとだけ。こういう世界も、他人事ではなく、すぐ横にあることを覚えていてくれたら嬉しいです。


さきほど、誤解の多い漫画だ、なんてマイナスっぽい言い方で書いちゃいましたけど、おおたさん。以前からお会いしたく、この漫画を描いたことによって、お会いできて、光栄です。

そして最初から、この漫画のタイトルや、冒頭の「父親の経済力と母親の狂気」というセリフに疑問をもって読んでくださって、本当に嬉しかったです。

私が一方的に戦友のような気持ちで著書を拝読してきましたが、おおたさんがずっと書かれてきた、著書の中に常にある、受験生だけでなく、すべての子どもや若者に対する暖かいまなざしに共感します。

共著はこちらで二回目となります。前回とともに、とても力強いメッセージとなり、今、迷ったり躓《つまず》いたりしながらも未来に向かって歩いている皆さんに、この本が、メッセージが届けば本望です。


そこの君が、あなたが、どんな道を選んでも、応援しています。

おおたとしまさ
教育ジャーナリスト。リクルートでの雑誌編集を経て独立。数々の育児誌・教育誌の企画・編集に係わる。現在は教育に関する現場取材および執筆活動を精力的に行っており、緻密な取材、斬新な考察、明晰な筆致に定評がある。テレビ・ラジオなどへの出演や講演も多数。中高教員免許をもち、小学校教員や心理カウンセラーとしての経験もある。著書は『勇者たちの中学受験』『ルポ名門校』『ルポ塾歴社会』『ルポ教育虐待』『不登校でも学べる』など80冊以上。

高瀬志帆
1995年デビュー。代表作に『二月の勝者 - 絶対合格の教室 -』（小学館／週刊ビッグコミックスピリッツ連載）、『おとりよせ王子 飯田好実』（コアミックス／コミックゼノン連載）ほか。

デザイン／上條美来
装画・挿絵／高瀬志帆
『二月の勝者』ロゴデザイン／黒木香＋ベイブリッジスタジオ
編集／加藤絢子

「二月の笑者」になるために
名場面が教えてくれる中学受験必笑法

2024年7月16日　初版第1刷発行

著　者　おおたとしまさ
発行人　北川吉隆
発行所　株式会社 小学館
〒101-8001 東京都千代田区一ツ橋 2-3-1
編　集　03-3230-5686
販　売　03-5281-3555
印刷所　TOPPAN株式会社
製本所　株式会社若林製本工場

ISBN978-4-09-389160-8